Tú Eres El Milagro

Reflexiones inspiradas en

UN CURSO DE MILAGROS

Gisela Fabelo

TÍTULO ORIGINAL: Tú Eres El Milagro

(You Are The Miracle)

AUTOR: Gisela Fabelo

EDITOR: Carlos Eduardo González adherente@yahoo.com

EDICIÓN ESPECIAL: Peter Jiménez

FOTOGRAFÍAS (págs. 1/12): raulblancophotography.com

© COPYRIGHT Agosto 2019 Gisela Fabelo

ISBN: 9781089595656

. REFLEXIONES INSPIRADAS EN UN CURSO DE MILAGROS *.*

Para información sobre esta publicación y Seminarios de Crecimiento Personal te invitamos a visitar mi website: GiselaFabelo.com

UN PRESENTE DE LUZ PARA ILUMINAR TU ESPÍRITU

Esta obra es un obsequio de reflexiones y experiencias positivas que te invito a compartir con ese ser amado... con la aspiración que se deleite tanto como yo al escribirlo y tú al leerlo, y guíe el camino hacia la Luz para todos a quienes les llegue nuestro Mensaje de Amor.

UN PENSAMIENTO CON SENTIMIENTO

Más allá de las memorias y los mensajes de renovada índole, más allá de las sensaciones que deja el leer —y aún más que eso, evocar y sentir cada vivencia en el camino desde y hacia el Amor emprendido por Gisela Fabelo— es experimentar una constelación de relatos familiares en el más amplio sentido del término, sus historias se tornan nuestras historias porque las vivimos como si estuviera sentada frente a nosotros, oyéndola, percibiéndola, escuchándola con todos nuestros sentidos.

Para los indagadores, les comparto que en Esperanto, el Sistema de Lenguaje creado en 1887 por el profesor, médico y filósofo polaco Lázaro Zamenhof a partir de las lenguas inglesa, románica, latina, eslava y germánica, con la idea que pudiese servir como un idioma auxiliar, neutral, universal, fácil de aprender y más propicio para la comunicación internacional, Fabelo significa: "cuento fabuloso, fábula, cuento filosófico…"

Todo eso y mucho más nos aporta esta maravillosa autora con sus libros, primero "Que se Derrame la Miel de Las Estrellas" y ahora con "Tú Eres El Milagro", ambas obras inspiradoras e inspiradas en las sabidurías de Un Curso de Milagros.

Sus vivencias aprendidas y transmitidas, sus enseñanzas de UCDM por más de tres décadas nos endilgan y refuerzan que "La Salida es Hacia Adentro" …

En suma, llamo a esto 'Pensamiento Con Sentimiento' porque Gisela nos da el consentimiento de escudriñar en el camino hacia su preciado Yo interior, que abarca su Niña, Madre y Mujer íntimas, su estado de Ser interno y externo como escritora genuinamente exitosa, y su pasión por servir que nos consiente y envuelve con su verbo circular e intemporal.

Carlos Eduardo González / editor adherente@yahoo.com

AGRADECIMIENTOS

A ti Allezzandro Manuel…

El más cercano de mis nietos. Mi Alma gemela y compañero eterno… Gracias por llegar a mi vida y mostrarme el Amor Incondicional. Eres, has sido y serás por siempre mi Maestro de Amor.

A mi hijo Bernard Louis…

Por ser el Maestro que vino a hacerme tan fuerte como el roble, tan flexible como el bambú, tan amorosa como el Perdón… Que la Vida te llene de Bendiciones. Lo Siento. Perdón. Gracias. Te Amo.

A mis Ángeles en la Tierra. Mis Amados Maestros de Amor…

Betty, Eliana, Tere, Katty, Ana Claudia, Gaby, Mónica, Antoinette, Adriana, Annie, Nori, Sandra, Silvia, Rosemary, María y Fritz, Esther, Judith, Sonia, María Fernanda… La lista sería infinita si los nombrara a todos. No obstante, te quedas en mi Corazón: Gracias Estudiante de UCDM que has llegado buscando el Amor. Gracias por ser mi espejo.

A Carlos Eduardo González…

El editor y entrañable amigo, quien en esta oportunidad nuevamente me apoya con su impecable trabajo de edición. Su aporte es un regalo que nos permite una vez más reencontrarnos en esta milagrosa aventura de llevar "Un Mensaje de Amor al Mundo". Gracias Carlos por hacerlo tangible.

A mi hermana María Teresa...

Por ser el Maestro de Aceptación y Desapego que me enseña cada día. Por ser entrañable hermana. Gracias por tu amorosa entrega.

Miel Amor y Luz para Ti

PREFACIO

Este libro está dedicado a Gisselle... mi hija amada. Mi Maestra de Amor. Gracias por elegirme para traerte a este mundo. Gracias por Ser esa hija maravillosa. SER DE LUZ que me enseñas tanto. Gracias por rescatarme del abismo tantas veces... Por mostrarme la Luz, aunque haya sido doloroso cada momento de oscuridad.

Érase una vez...

EN EL MUNDO DE LOS SUEÑOS donde los Milagros son Naturales... en alguna orilla del mar existe un pueblito de pescadores que canta al amanecer.

En aquel lugar, tan bello como difícil de creer, existe ese pequeño paraíso escondido, donde viejos y niños, todos por igual, son alegres, inocentes, navegantes en el mar de la Vida. En su mayoría viven de la pesca del día a día. Viven el Instante presente, tan presente como es necesario para atrapar al pez. Aceptan naturalmente su incierta vida, ligada a la carencia de cosas básicas para sobrevivir, y a las peligrosas travesías en alta mar... Se guían por la noche hablando con la Luna. La Luna les habla, la Luna les cuenta sobre su PRÓXIMO Amanecer.

Sucede en forma espontánea y natural. No existe el miedo en sus lejanas travesías, sobre aquel inmenso espejo plata llamado mar. En ese lugar de mis sueños, esos personajes y yo... vivimos una historia.

Allí sucedió, así como te lo cuento...

La aventura de vivir se recibe con humor, risa y alegría, incluyendo la fatalidad. Algunos de aquellos hombres nunca regresan... Y todo lo sucedido se acepta y forma parte de su historia. Es un pueblecito mágico donde la vida y la muerte se funden como la noche y el día... y la Aceptación es Natural. En ese MUNDO, los sueños desfilan con los ojos abiertos.

Mi hija Gisselle de 4 años y yo aparecimos en aquel pueblecito escondido, en las costas del Oriente de mi país. Como por arte de magia, de un día a otro nuestras vidas dieron un giro inesperado. "El universo nos llevó a vivir allí, lejos de la Capital". Nuestra vida citadina hasta ese momento, cambió para bien. Fue un verdadero regalo salir de la gran Caracas.

Todo fue fluyendo en Orden Divino y mi pequeña bebé y yo comenzamos una aventura entre palmeras, brisa marina y paisajes alucinantes, de exuberante belleza.

Un día conocimos a Carlitos, el amigo pescador. Carlitos es el ángel que nos apoyó en el proceso de adaptación. De aquella amenazante ciudad donde todos nos sentimos inseguros, a este pequeño paraíso terrenal donde es imposible dejar de creer en la pureza del ser humano... Veníamos de la capital donde las personas están a la defensiva y no permiten mucho acercamiento a los desconocidos.

Me costó aceptar que aquel lugar de pescadores conservaba su pureza. Carlitos tendría no más de 28 años, había perdido toda su dentadura y lucía mucho mayor, producto del exceso del sol en su piel. Ese sorpresivo e inesperado personaje nos enseñó a reír a pesar de las dificultades, nos regaló la muestra de que la bondad existe y se encuentra dentro de ti. Su sencillez y su pureza de niño quedaron atrapadas en un cuerpo gigante, descalzo y de piel curtida.

Carlitos nos regaló días de grandes enseñanzas con su amorosa y genuina sonrisa interior. Las imágenes de aquel tiempo siguen presentes en mí, debido a su hermosura. Puedo escuchar todavía aquellos pescadores acercándose a la orilla al amanecer. Sus voces fantasmales... esfumándose en la bruma. A lo lejos van tomando forma, en el claro de la Luz que se asoma y se va abriendo a través de la blanca espesura. La imagen es como un sueño: vaporosa, difusa, irreal... No sabes si lo estás viviendo o soñando.

Los pescadores anuncian al volver de su larga jornada nocturna, al regreso de la pesca, cada nuevo AMANECER...

— ¡Pescado fresco! ¡Acabadiito de pescar! ¡Pargos y catalanas! ¡Corocoras!

Reflejados como figuras humeantes sobre un espejo verde agua, azul profundo que se pierde hacia el infinito, allí... si levantas la mirada te sorprendes con una ¡aparición insólita e increíble! De lo profundo del océano surge ¡El Padre Sol Irreverente! Con su Luz Divina anunciando el Cielo... Cada Amanecer el espectáculo es Único... ¡El Padre Sol!

Un espectáculo cada amanecer... En aquel pueblito encantado de indescriptible belleza, al igual que un cuento de Hadas, vivió una pequeña Princesita llamada Gisselle Marie... En aquel paraíso azul descubrió que... Dios existe en cada aliento de vida y que Dios es Amor. El Elíxir del Cosmos.

La vida me regaló la dicha de cuidar de mi hija desde que nació. Disfrutamos aquellas magníficas extensiones de mar y arena cada mañana. Mudarnos al Oriente del país significó la Liberación de muchos sinsabores que agobiaban nuestras Almas en aquel momento.

Juntas disfrutamos cada amanecer... Cada atardecer... Cada noche de Luna. Un espectáculo Celestial... Cada vivencia, una experiencia Única... Mi hija fue una niña feliz. A temprana edad tuvo el gozo de ¡vivir libre! entre personas descalzas, naturales, libres de posturas falsas y despiertas desde muy temprano... Nadie se pierde el momento del Amanecer EN AQUEL LUGAR.

Ver salir el Sol es el mayor espectáculo... Se asoma en el horizonte infinito NACIENDO suave y sutilmente. Es una Ceremonia Celestial sin tiempo... El éxtasis nos envuelve cada vez.

El AMOR manifestándose en el Padre Sol se hace Presente con todo Su Poder.

Se eleva y en su acenso nos regala su fuego Imponente. SU GRAN PODER. Su Poder... aquí en la tierra... Así comenzamos a Despertar en aquella pintura realista y palpitante.

Vivimos en la espesura de un verdor salvaje y perfecto. La pequeña carretera va bordeada con senderos sin fin, de gigantescas palmeras verdes. Los azules y blancos repartidos como un Van Gogh viviente. Los violetas y rosas de las TRINITARIAS se unen en una danza, junto a la espuma blanca y vaporosa del azul cristalino entre las olas.

Gisselle fue una niña feliz. Su corazoncito fue testigo de ese Cuento de Hadas que vivimos juntas. Danzamos en la arena al ritmo del vaivén de la brisa, junto al canturreo del mar. Podíamos quedarnos dormidas en la arena tibia y húmeda. Cualquier tarde... meditábamos EN SILENCIO arrulladas por las olas en su eterno ir y venir. Descubrimos Estrellas de Mar y Estrellas Celestiales... ¡FUIMOS UNA CON DIOS!

"Lecherías" aquel pueblito con aroma a vida plena, no se puede definir en palabras... Sucedieron tantas cosas en el tiempo que vivimos allí... La casita blanca con ventanas de arcos amarillos y aquel enorme letrero negro a la entrada que decía "LA CASONA" ... PUEDO VERLO allí... como si estuviese sucediendo en este momento...

Aquel escenario fue testigo de lo que voy a relatar... Una experiencia que cambió mi RUMBO. Algo trascendental que abrió mis ojos para siempre... Aprendí una Gran Lección. Esa Lección sigue presente en mí... Hoy la comparto contigo...

* Su vocecita dulce me llamaba desde la ducha.

— ¡Mami, Mami! ¡Mami ven rápido!

Gisselle era muy pequeñita... Yo la bañaba antes de llevarla al Pre Kínder (Colegio de Religiosas).

— Mami ven... Ven rápido...

Corrí a averiguar la razón de su emergencia, con la botella de champú en mi mano. Su carita lucía realmente angustiada...

— ¡Mami! ... ¡Mami! ¿Te acuerdas que las monjitas no me dejan ir a la capilla con vestidos sin mangas?

— Si mi amor lo recuerdo...

— ¿Te acuerdas que... ellas dicen que a Dios no le gusta ver mis brazos descubiertos?

— Si mi amor lo recuerdo...

Gisselle y yo fuimos amigas, compañeras, compinches, madre e hija... Almas inseparables. Las horas de enseñanza y aprendizaje se nos escapaban como el agua entre los dedos. ¡La pasábamos tan divertidas! ¡Tan bien!! No existía la prisa. Éramos dos niñas descubriendo la vida. Experimentando ¡el Planeta Azul y sus Milagros!

COMPARTIMOS Nuestro Despertar… Enseñándonos mutuamente. Desde que esa hermosa y Divina Criatura llegó, supe que era un Alma Sabia. Desde que llegó a este mundo no ha dejado de sorprenderme… Cada ocurrencia de aquella mentecita prodigiosa, me dejaba maravillada.

Aquella "ocurrencia" de mi niña… me despertó del letargo en el que había vivido. Ese momento fue decisivo en mi Camino Espiritual. Mi hija ha sido y continúa siendo mi Maestro de Amor. Me eligió para traerla al mundo con el propósito de enseñarme el camino hacia la Luz, el Amor y la Paz.

* Volvemos a la ducha y a la Lección.

Gisselle seguía allí entre el champú y su Milagrosa Inocencia.

— Mami ¿cómo ni ice?

— ¿Cómo se dice qué? mi amor…

— Mami… Dios está en todas partes, ¿sí?

— Claro Gisselle… Está en el agua, en el Sol… en la flor…

— Mami y… ¿Dios puede mirarme siempre…?

— Siempre mi amor. Dios siempre está contigo… siempre te escucha… siempre te ve…

— ¡Ahhh!! (SILENCIO)

Se quedó callada por un largo rato, el agua corriendo sobre su cabecita pensativa me indicaba que estaba... digiriendo nuestra conversación.

Muy pronto aprendimos a RESPETAR NUESTROS SILENCIOS... Aquel lenguaje de códigos, miradas y mutismos que se genera ÚNICAMENTE entre madre e hijo. Nuestro código del silencio se estableció naturalmente... y de pronto me vi frente a la Lección que me correspondía aprender ese día.

Mientras ella con sus manitos pequeñas sacaba la espuma de su pelo, recordé... las estrellas de mar, los caracoles, las sardinas... el conejito. En cada ser vivo le enseñé a Dios. Todo era "perfecto" hasta que comenzó a asomarse al mundo raro, donde le correspondería vivir...

— Mami... Si a Dios no le gusta verme sin mangas... Dios está conmigo siempre... ¿Dónde mira cuando yo me estoy bañando?

Un corrientazo recorrió todo mi Ser... me dejó aturdida. Me sentí un Gorrión atrapado en una jaula, al que de pronto le abren las puertas de su prisión...

¡Lo entendí todo en un instante! Ella fue el Maestro de Amor que vino a Liberarme. ¡Había estado tan dormida!

Era urgente salir de la "prisión de mi mente" y dejarla libre. Ella me inspiró a Ser Luz para mostrarle el Único camino de la Libertad. Es la Verdad por encima de todas las verdades de este mundo raro. El Amor de Dios te hace Libre. Dios te Ama por sobre todas las cosas de este mundo loco. Dios no te juzga porque Te Ama y Tú Eres el Hijo de Dios Inocente.

La envolví en la toalla de felpa rosa y la apreté con fuerza junto a mi pecho... Sin decir una palabra busqué en mi corazón esa Respuesta que ella estaba esperando, como lo más importante de su vida... ¿DIOS ME AMA?

— Gisselle, mi niña hermosa... Dios no voltea para ninguna parte porque tú estés desnuda. Dios te ama como Eres. Eres su Hija Hermosa y te Ama como yo te amo... Las monjitas no lo saben todo, mi amor... Algunas de ellas no saben nada... Cúbrete porque tienes frío... no porque tu cuerpo ofenda a Dios.

La cubrí con su toalla y... supe que comenzábamos un largo Camino de Aprendizaje juntas... Me abrazó en silencio... No dijo nada... sólo me abrazó... Tan fuerte que pude escuchar los latidos de su corazón...

Ese día sin tenerlo consciente, sellamos un pacto entre nuestras Almas... Crecer juntas buscando la Verdad. El camino no ha sido fácil... Hemos hecho largas travesías solas... Alejadas la una de la otra. Unas veces por motivos geográficos. Otras por motivos personales. Hemos sufrido los altibajos de la Ignorancia. Hemos bajado a los confines del infierno y hemos tocado el Cielo con las manos. Hemos subido y bajado... Para encontrarnos nuevamente en EL Camino...

Gracias por cada lágrima derramada, buscando la mejor manera de ser tu madre... Gracias por empujarme a romper mis miedos... Gracias por cada risa que hemos compartido en momentos de desaliento. Gracias por cada día feliz que hemos vivido, en Milagrosos Momentos. Gracias por tu Fe en Dios y por El Don Divino de Ser Generosa. Gracias por tanto Amor... Gracias por ese par de SERES DE LUZ maravillosos que son mis nietos...

Especialmente quiero agradecerte el amor que noche a noche, día a día me regalaste, durante mi travesía por el Atlántico. Por convertirte en el mejor Detective, Investigador Privado. Experta en Indagación de Caminos que me trajeran sana y salva desde el otro lado del mundo... Hija te amo y te bendigo.

Gracias por traerme de Regreso al Hogar... Gracias por elegir SER MI ÁNGEL GUARDIÁN. Gracias por SER AMOR.

Perdón por todas mis equivocaciones, por mis errores, por los dolores que has sufrido por no saber cómo cuidarte mejor. Perdóname por los momentos donde el miedo me obligó a ser débil. Perdóname por las veces que quise decirte lo mucho que te amo y no lo hice. Perdóname por las veces que hice elecciones equivocadas que repercutieron en ti. Perdóname por todo eso y por todo lo que he olvidado…

Lo siento. Perdóname. Gracias. Te Amo.

Yo me he perdonado Totalmente. Hoy entiendo que no fue posible elegir diferente. Sin Consciencia no hay Elección… Sólo quiero que sepas que en cada uno de esos pasos en falso, de esas decisiones equivocadas… estuvo presente el Amor por ti.

Sé que hoy puedes separar perfectamente mis equivocaciones del Amor que te tengo. Y eso es suficiente… Me perdono y me Amo para poder perdonar al Mundo y Amarte.

Miel, Amor y Luz para ti mi hija amada.

MI HUMILDE OFRENDA A JESÚS

¡Gracias Jesús! Por rencontrarme... por tu palabra escrita en "Un Curso de Milagros". Por cada Versículo, cada Lección... ¡Gracias! Tu libro llegó a mi vida para quedarse. Llegó para darme todas las respuestas que jamás encontré en el mundo terrenal. Siento que me has llevado de la mano siempre. En muchas ocasiones no he sido consciente de que nunca me has abandonado.

He aprendido a Amarte y Reconocerte como El Supremo Seguidor de nuestro Padre Celestial. Un Guía Amoroso. Nuestro Amado Hermano Mayor. Estoy Agradecida de haber coincidido, en esta existencia física, con tu Regalo de Amor a este Planeta. Mi vida está dedicada a Extender el Amor a todo aquel que esté listo para recibirlo en su corazón. Me has llevado de la mano por este Camino hacia la Paz. Mi existencia tomó un Sentido Superior al Recordar lo olvidado y Olvidar lo aprendido.

Si tengo la oportunidad de escribir otro libro después de este, reafirmaré una vez más que Eres mi Ejemplo de Amor Incondicional. Daré nuevamente mi Testimonio de Vida, quizás desde Otro Nivel de Consciencia más Elevado al que poseo en este momento. Igualmente siempre será Un Canto al Amor que nos regalas en "Un Curso De Milagros".

"NADA REAL PUEDE SER AMENAZADO... NADA IRREAL EXISTE". En eso radica la Paz de Dios.

INTRODUCCIÓN

La Salida Es Hacia Adentro

Este libro es una Descriptiva Amorosa sobre el Proceso Gradual Evolutivo que sucede con la práctica y el estudio de UCDM... Es una narrativa dedicada a las experiencias que vivimos los estudiantes al CAMBIO que sucede durante el paso de la Percepción a la Expiación... Es una retrospectiva del proceso de transformación de crisálida a mariposa que sucede cuando Elegimos de Nuevo.

En esta experiencia paseamos por los DIFERENTES NIVELES DE CONSCIENCIA a los que se va ACCEDIENDO a medida que vamos retirando los velos de la percepción...

Es mi Vivencia más profunda dedicada a Extender el Amor, del que nos habla Jesús en "Un Curso de Milagros". Estamos aquí para Ser Felices. Para Propagar el Amor y Sembrar la Paz a través del Perdón. Esa es nuestra Única Función. Es una Reafirmación de la Verdad. Aquella que estuve buscando y que dio sus primeros pasos, en "Que se Derrame la Miel de las Estrellas".

Hoy tengo muchas más respuestas que preguntas. Y es lo que quiero COMPARTIR CONTIGO esta vez. Está escrito en forma circular, es atemporal.

Son ¡Fractales de Luz! que describen Instantes Vividos. Experiencias compartidas con nuestros hermanos de Luz. Anécdotas de vivencias inolvidables. ¡HERMOSOS Saltos Cuánticos mentales! El proceso de la Alquimia mental al atrevernos a Elegir de nuevo y Enfocar nuestra atención en el Amor.

¡TESTIMONIOS! ¡Fractales de Luz! Una Aventura espiritual en este mundo de Ilusiones, en este Caminar que se llama Vida. La Vida es un Flash de Luz y Milagros. Es un Recuento de Milagros y Revelaciones ¡Es un REGALO para el Alma! Un BALSAMO para TU Corazón. Un RAYO de LUZ en la oscuridad. Un Canto al Amor.

¿Quién Soy? ¿Cómo llegué hasta aquí? ¿A qué he venido?

La pregunta Sagrada... ¿Quién Soy? ¿Qué sentido tiene mi existencia humana? ¿Para qué todo esto? ¿De qué se trata esta locura sin sentido? ¿Qué sentido tiene atravesar por la existencia humana? ¿Nacer, crecer, envejecer, morir???

Esas preguntas que todos nos hemos hecho en algún momento de nuestras vidas... Esa pregunta que poco a poco se va esfumando entre los tules de la Ilusión... hasta que un día... dejamos de hacerla.

"Hay dos grandes días en la vida de una persona: El día en que se nace y el día en que se descubre para qué." Mark Twain

EL RUIDO ENSORDECEDOR

¡Nos aturdimos!!! El ruido de afuera es atronador... Mil voces, opiniones, decretos, compromisos, millones de programaciones y creencias... El mundo dando vueltas como un tornado, nos va envolviendo en una centrífuga ensordecedora... Aturdidos... ¡No entendemos nada!! Nos diluimos en un espiral de ilusiones, proyecciones, culpas, castigos... El miedo se va apoderando de esta existencia humana, donde no encontramos una sola respuesta.

De pronto aparece frente a nosotros un personaje... Lo descubrimos frente al espejo... y salimos al mundo a defenderlo. Ni siquiera nos cuestionamos... ¿De dónde proviene ese personaje que he fabricado? ¡Mucho menos tomamos algún tiempo en... DETENERNOS... a... OBSERVAR!

¿Soy yo? O... es... ¡Un personaje que otros han hecho de mí! ... La centrífuga en espiral nos va envolviendo y damos vueltas sin podernos detener. Nos va llevando, llevando... y nos acostumbramos a dar vueltas... Hasta que entramos en una "zona de confort". ¡Ah!! Y allí nos quedamos, nos sentimos ¡felices de estar ahí! Consideramos que llegamos a la meta de esta existencia... Y nos quedamos allí por largo rato... Allí fabricamos ¡hermosas cortinas de humo! Para no pensar... para continuar con la inercia de caminar sin rumbo.

Y… aquella pregunta se olvida, ¡no se le da permiso de volver a aparecer! El mundo de la forma nos atrapa y nos produce una amnesia total… Preferimos elegir… Invertir el orden de prioridades y… lo material pasa a lugares mucho más importantes…

¿Quién soy? ¿Cómo llegué aquí? ¿Para qué estoy viviendo esto?...

No pudimos encontrar respuestas en el mundo del ego… "Nadie sabe que responder y todos prefieren borrarlas de su existencia". Aquella… la pregunta Sagrada… se esfuma como el humo.

Mantener nuestros roles, sostener un estatus. Fabricar una imagen y vivir de la apariencia es "el único objetivo de vivir"… Algunos somos muy exitosos en EL ESFUERZO de sostener al personaje. Otros sufren y pueden morir de un infarto, en el absurdo intento de sostenerlo. Pero todos agonizamos en ese loco intento… Todos vivimos en la demencial agonía de "detener lo indetenible"… De sostener lo insostenible… De atrapar a la Vida… De manipular el Orden Divino. ¡TODOS absolutamente TODOS estamos completamente locos!! Absolutamente dementes y adicionalmente sufrimos de ceguera total.

Nadie se ve, nadie se da cuenta que está dormido, nadie se atreve a detener el tornado y bajarse a observar... Sólo a eso... Observar.

EL ATERRIZAJE

Llegamos totalmente indefensos... a las manos de "nuestros padres". Desde que aterrizamos en este planeta, nos cincelan a punta de martillazos. A punta de cincel vamos tomando una forma.

Raza, Color de piel, Religión, Sexo, Nombre, Nacionalidad, Profesión, Tendencia Política, Estatus social, bancario, gustos y preferencias... Y así podemos continuar clasificando, separando... Y la vida se basa en... LAS DIFERENCIAS.

¿Qué sentido tiene? ¿Recorrer un trayecto de vida tan breve... para después de unos 90 años volvernos polvo...? Es muy breve la estancia en este mundo raro. No son los 90 o 100 que vivimos en este cuerpo... Es mucho, mucho menos... En realidad, vivimos Conscientes un lapso de tiempo muy breve.

Los primeros veinte años en absoluta inconsciencia... Otros veinte, tratando de organizarnos y ajustarnos a la locura demencial de la raza humana... ¿De qué se trata esto? ¿Qué sentido tiene? Vivimos por unas cuatro décadas en una absoluta y total confusión... Obsesionados en luchar, pelear, competir con un mundo lleno de reglas y contradicciones...

¿CÓMO SOBREVIVIR EN UN MUNDO DISPARATADO QUE NADIE ENTIENDE? ¿Cómo mantenernos cuerdos en un planeta demente?

TODOS ESTAMOS LOCOS… Vamos aceptando LA LOCURA y entrando en el sueño colectivo. Sin compasión, nos sumergirnos en el sistema y participamos obedientemente de él… Siguiendo las reglas de la competencia, de las absurdas y cambiantes leyes que inventamos.

Nos sumergimos en un mundo de atropellos subliminales, emocionales, verbales hasta llegar al atropello físico.

El maltrato es gradual, va desde el emocional, mostrándose como Amor, hasta lo más grotesco e insólito que podemos llegar. Sin darnos cuenta, vamos perdiendo la ESENCIA DIVINA que nos pertenece y comenzamos a arrastrarnos como reptiles en las profundidades de la oscura tierra.

FABRICAMOS un personaje que participa en el juego de ajedrez… y nos movemos al ritmo de cada jugada. A la ofensiva, a la defensiva, a la estrategia… Pasamos de peones a Reyes, de Reyes a caballos… Y cuando pensamos que hemos logrado dar el Jaque Mate, triunfadores o perdedores… todos sentimos lo mismo… Un profundo vacío.

El vacío se hace profundo tantas veces… que sólo el dolor lo llena como un pozo sin fondo… Y el dolor es insoportable y sentimos que agonizamos… Hasta que abrimos los brazos y las manos y… ¡Soltamos!! ¡Soltamos todo! Nos Rendimos ante el dolor y el sufrimiento y… ACEPTAMOS.

EL VACÍO

Un día descubrimos que hemos caminado en círculos. Un día nos damos cuenta que existe un vacío en nuestro interior… Independientemente de cuán ricos o famosos hayamos llegado a ser… Algo nos dice que… No hemos hecho nada después de tanto correr.

¿A cuántos de nosotros nos ha pasado algo semejante? Un recorrido agónico de miedos y confusiones… para descubrir un día que… Ese no era el camino… Nos sumergirnos en lo más profundo de la oscuridad, buscando la Luz…

Un día nos damos cuenta de todo aquel recorrido sin sentido y… es entonces cuando regresa suavemente… aquella vocecita que se quedó en silencio junto al Silencio… Se deja escuchar muy bajito… aquella pregunta olvidada… ¿Quién soy? ¿Por qué estoy aquí…? La Pregunta Sagrada.

VOLVER AL PRINCIPIO

Es volver al principio después de haber dado vueltas en círculos… Buscando afuera, las crisis pueden ser muy severas. Eckhart Tolle habla de la suya, como algo trascendental. Y… es Trascendental.

Cuánto nos ha costado salir de esa total confusión, para darnos cuenta que "La Salida es hacia Adentro". Que el Único Camino es Soltar…

Atrevernos a soltar… soltar… Soltar es vivenciar la Fe. Es la certeza de que, más allá de lo que ven mis ojos, está la Verdad… Abre tus ojos… Abre tus ojos… y suelta… Suelta tus miedos… suelta… Suelta tus creencias… suelta… Suelta tus apegos… Suelta.

Atrévete a soltarlo todo, deja que la Consciencia te Guíe, Suelta. y serás Libre.

1 CAPITULO UNO

La Mirada Del Amor

Aterricé en este Planeta Azul y traje conmigo el Amor... EL AMOR ME TRAJO HASTA AQUÍ... Por la Gracia Vivo, por la Gracia Soy... He comenzado a recordar... aquello que hemos sabido siempre. Se nos va olvidando cual es nuestra Esencia Divina, una vez que comienza el bombardeo de las mil voces, de la locura demencial colectiva. Te ponen un nombre... te alzan de brazo en brazo, como si fuésemos pequeñas mascotas. Totalmente indefensos en manos de "niños padres" O... "padres niños"... ¡Sí! Somos padres sin ninguna Consciencia... Sin absolutamente ninguna Consciencia. Así comenzamos este camino de Aprendizaje.

¿Y cuál es el Aprendizaje? Recordar Quienes somos.

Formamos parte de un Plan Evolutivo que nos va llevando a través del Despertar... Hacernos conscientes de que "Somos Consciencia Divina manifestada en la ilusión de un cuerpo". SOMOS ENERGÍA DE AMOR. Aportando a ese Gran Plan Universal... SOMOS CO-CREADORES CON DIOS DEL CIELO EN LA TIERRA... A ESO HEMOS VENIDO... A AMAR, SERVIR Y PERDONAR. Esa es nuestra Única Función.

Al recordarlo, nuestra Existencia toma un Valor Inefable... ¡Todo toma sentido de pronto! Es como si se armara en el aire ¡la Figura Perfecta!

Y sucede... ¡SE MATERIALIZA! Un Milagroso rompecabezas toma forma frente a ti y descubres la Verdad. TU REALIDAD ES TU PROPIA MANIFESTACIÓN... ES UN PROCESO GRADUAL... AMOROSO... DE DULCE PACIENCIA.

LA PACIENCIA INFINITA DA RESULTADOS INMEDIATOS... UCDM.

UCDM te va llevando Amorosamente... Comienzas a Entenderlo Todo... Vives Instantes Santos, la Existencia toma sentido... Más allá de esta forma, Somos Consciencia... Somos Amor... Somos Luz... Somos Dios manifestándose... Como elijamos llamar a esa Verdad, es la misma, Siempre, Eterna, Inmutable.

Estuvimos buscando afuera por cientos de miles de millones de Milenios. Y al fin descubrimos que... HOY... es lo Único que existe. Que lo Único importante es Despertar y que Amor es lo que Somos.

Cuántas vueltas hemos dado sobre esta Verdad maravillosa y simple. Nada era tan complicado y complejo, como nos dijeron que es la Vida... Es sencilla, maravillosa y perfecta. Porque así, con sus imperfecciones es parte del Plan. Podemos llamarle el Plan Divino, el Plan de Dios, el Plan Mayor.

De nuevo, qué importa cómo le llamemos... Qué importa si lo decimos en Sánscrito o en lenguaje cibernético... El Plan Mayor existe y Yo Soy parte de ÉL... Así de simple... Así de fácil... Así de sencillo y maravilloso.

Mi libro anterior "QUE SE DERRAME LA MIEL DE LAS ESTRELLAS"

es un relato narrado desde un escenario alucinante e increíble, llamado Janajpacha. Un paraíso escondido en la espesura de otro tiempo... Extensiones de tierra hermosa e insólita, como es Bolivia... Describo mi experiencia cuando llegué allí, en busca del Planeta del Amor. Un año después de vivir 30 días en ese pueblito perdido en el tiempo, logré digerir la experiencia y comenzar a escribir.

RESUMEN DE "LA MIEL DE LAS ESTRELLAS"

En COCHABAMBA está Quillacollo. Un escenario de otro planeta... otra dimensión... El viento sopla inclementes bocanadas de un polvo grisáceo, grueso. Capaz de asfixiarnos si no cubrimos nuestro rostro con pañuelos. Capaz de ocultar los brillantes coloridos de las ropas de los nativos que por allí merodean. Danzan, como duendecillos de un cuento. Las casitas cubiertas de la inclemencia gris. En su mayoría son indígenas muy bajitos, caritas curtidas, ojos profundos y traviesos. Saltan de los buses y desaparecen a lo largo del camino...

Así lo describo en mi libro "QUE SE DERRAME LA MIEL DE LAS ESTRELLAS". Mi pequeño aporte al mundo ha dado la vuelta por Latinoamérica e Iberoamérica, llegando a España... La primera edición dio hermosos frutos.

LAS PERSONAS LO AMARON AL LEERLO... TANTO COMO YO AL ESCRIBIRLO...

Hoy va por la séptima edición. Todo sucede tan rápido, vivimos con tanta prisa, no me he dado cuenta del tiempo... Parece que fue ayer que lo escribí. Sin embargo, fue hace mucho tiempo. En realidad, el tiempo no es real. Pero fue hace mucho, en el tiempo lineal.

* La cantidad de libros que se escriben a diario es impresionante. Mi "producción literaria" podría ser considerada como lenta... muy lenta... comparativamente a otros escritores. ALGUNOS escriben un libro, o más, en períodos muy cortos. ¡Cómo me gustaría tener ese talento!!

Soy de Digestión lenta... Asimilo y después Proceso... Mi Proceso se toma su Tiempo... Un día cualquiera me deja saber que ya es el momento de relatar... Otra parte de mi Historia con UCDM.

El proyecto de escribir este segundo libro comenzó originalmente con el título... "EL MILAGRO ERES TÚ"... FUE

PASANDO EL TIEMPO Y lo fui DEJANDO... Estuvo entre mis prioridades, luego, entre un proyecto y otro, se abrió un ESPACIO... un Arcoíris de vivencias que no terminaban de llegar al otro lado. Y se fue quedando en lista de espera...

EL TIEMPO DE DIOS ES PERFECTO... ES CUANDO NUESTRO CORAZÓN ESTÁ LISTO PARA ABRIRSE Y EXPRESAR LO QUE HA SENTIDO... EN CADA SÍSTOLE, EN CADA DIÁSTOLE... Mi ciclo de vivencias, pertenece a Un Espacio Sagrado que yo, no manejo.

Retomar MIS VIVENCIAS, concientizarlas y compartirlas... a CORAZÓN ABIERTO, lleva su tiempo. Así son las cosas. NO SON BUENAS NI MALAS... Así ES... simplemente ES.

EL VIAJE INTERIOR

Cada Uno de nosotros es Único. Cada proceso es Sagrado e Individual. El mío es como lo describo aquí... Te invito a compartir este Viaje a lo más profundo de nuestro Ser... a "Unirnos en ese Espacio Sagrado del Silencio que se llama CORAZÓN"

En esta nueva oportunidad el escenario donde narro mis vivencias (dos décadas de Profunda Reflexión) es FLORENCIA (Firenze)... Cuna del Arte y Madre de Genios... desde muy pequeña mostré pasión por los pintores y escultores del Renacimiento. Apasionada por la pintura, el Arte fue mi refugio.

La Historia del Arte me atrajo con mucha fuerza. Soñé con llegar a pintar algún día ¡como Michelangelo! SUCEDIÓ HACE TANTO TIEMPO... CASI LO HABÍA OLVIDADO. Mi deseo de conocer al escultor del "DAVID" se materializó sin darme cuenta.

FLORENCIA

La oportunidad de descubrir a Firenze y mirar de frente al "DAVID" de Michelangelo Buonarroti fue un sueño que se quedó por allí, entre otros. Los sueños cambian con el tiempo... algunos dejan de ser sueños y se hacen realidad. Otras... ¡ya vivimos ese sueño! Los deseos van DILUYÉNDOSE como el agua entre los dedos, para dar paso a la Plenitud. Somos Caminantes... No necesitamos nada para Ser felices.

El Camino es el Regalo. La Belleza está en todo... Belleza de Formas, millones de formas Coloridas... Aromas repartidos en cada flor, en la brisa, en la dulzura de la lluvia, en las bendiciones en cada amanecer.

Comenzamos a celebrar la Vida, a disfrutar cada paso... Un Día Desperté. ¡LO TENGO TODO! Firenze se quedó por allí... en algún rincón de mi corazón, sin mucho sufrimiento. Y se materializó una mañana de un día indeterminado, en mi Juego de la Vida.

LA ENTREGA

El trabajo de Entrega que hacemos a lo largo de este camino llamado Vida nos permite Ser felices. En un momento, nos damos cuenta... No necesitamos nada más. Soy feliz porque elegí Serlo. Se trata de Agradecer más y desear menos. Un amanecer cualquiera comenzamos a Bendecirlo todo y a sentirnos Plenos. ¡ES EL PROCESO DEL DESPERTAR!

LA VIDA TE SORPRENDE SIEMPRE

Despertamos una alborada cualquiera con la total Aceptación del Aquí y el Ahora. Entendemos también que Todo es perfecto y las cosas se darán en el Momento de Dios... O se darán otras, que jamás hubiésemos imaginado. Una vez que comenzamos a liberarnos de aquello que llamábamos ansiedad, TODO está bien. Y si no está bien... también está bien. El momento de Dios, llega sin darnos cuenta.

* De un día para otro, me vi haciendo una larga travesía en un gigantesco trasatlántico. Aquel sueño olvidado comenzó a tomar forma para sorprenderme.

No sé cómo ni de qué manera... Me encontré Cruzando la inmensidad del mar... hasta Europa. El continente Europeo se presentó ante mis ojos después de nueve días entre el azul del cielo y las profundidades del Océano. Así son las cosas cuando son del Alma... Yo no lo planifiqué, se dio solo y fluidamente. No me dio tiempo ni de pensarlo...

MI DIARIO GRIS

Fue un viaje inesperado. No estaba en mis planes. EL PLAN DE DIOS ES PERFECTO. Llevé conmigo un diario… Dos de mis alumnos de UCDM me regalaron, cada uno, un diario por mi cumple-vida… Bellos ambos… Supe que esos regalos me estaban diciendo algo… Todo nos habla si estamos despiertos. La práctica diaria de UCDM nos ayuda a vivir DESPIERTOS. Por eso en cualquier relato que hago hoy de mi vida, no utilizo el "pensé"… He ido dejando de pensar… INTENTO VIVENCIARLO TODO. ¡Desde el SENTIR!

UCDM te muestra el Milagro sucediendo frente a ti. Lo practicas, lo haces parte de tu vida. La práctica diaria de esta disciplina te va llevando del miedo al Amor. O sea, te va llevando al corazón. ¡Qué bendición! No necesito pensar, especular, inquietarme por saber ¡nada de nada!

"YO SÓLO SÉ QUE NO SÉ NADA". El corazón me va llevando. He aprendido con el tiempo que mi corazón lo sabe todo. He aprendido a confiar en Él. Por Eso… HOY NO PIENSO… Solamente Siento…

Sentí que tenía algo pendiente… ¿Quizás una Reflexión profunda sobre casi dos décadas sin escribir? Algo había quedado pendiente en el camino. ¿"El Milagro Eres Tú"?

Después de una Meditación pidiendo Guía… supe que había LLEGADO EL MOMENTO de hacer el viaje… MI VOZ Interior me dijo: ES EL TIEMPO DE DIOS. Gracias a esta disciplina diaria por media vida, HOY vivo... Sintiendo... sólo Sintiendo. ¡GRACIAS! ¡SE ME HABÍA OLVIDADO! Así son las cosas cuando son del Alma. ¡Qué LIBERACIÓN! ... Confío y ME DEJO GUIAR... Sólo me dejo Guiar, sin prisa y sin pausa, como las Estrellas.

Lo sentí antes que se materializara. En la larga travesía estaba incluido el compromiso conmigo misma de tomar notas sobre cada momento vivido. Lo supe y lo dejé pasar, como cuando te agachas para que pasen las olas del mar.

Elegí el Diario de cuero gris, regalo de Marianela... Los dos diarios hermosos, pero lo práctico era elegir el más pequeño. El Diario gris se fue conmigo. Mi Gran Compañero. Se convirtió en Mi confidente, en cada página están relatadas mis vivencias en esa larga travesía.

¿Cuándo lo supe? No lo sé... Supe también que no sería una experiencia fácil. Estaba cerca de una Profunda Reflexión... "Así son las cosas cuando son del Alma"... Lo supe en lo más profundo de mi corazón. Me dejé llevar. ¡Sí! Como si ALGUIEN me llevara de la mano. A pesar de todas mis excusas y problemas inventados.

Estuve Resistiéndome... NEGÁNDOME A VIVIR LA EXPERIENCIA... ¿Obstáculos para no viajar? ¡TODOS!

UNA NOCHE, en Meditación, sentí que era el momento de hacer EL VIAJE a lo más profundo de mi Interior... "La Salida es hacia ADENTRO".

EL REENCUENTRO CON FIRENZE

El reencuentro con Firenze siempre estuvo en mis sueños.

Comienzo de Cero Mi Reflexión Espiritual en este segundo libro... No tengo la menor idea acerca de cuánto de lo escrito en mi diario quedará en estas líneas... Quizás pertenezca al material de otro libro... No lo sé... Sólo me dejo Guiar... Por ahora, comparto contigo un fragmento de esa aventura. ¡Un Fractal de Luz!

El viaje fue difícil... tan difícil como inesperado. De los retos más difíciles en esta existencia...

* Bajo un oscuro Celeste infinito... En la negra Inmensidad del Océano, sólo oscuridad... Eterno Vacío.

Apoyada en la baranda de proa, el aire inclemente amenazaba mi diminuta presencia... Me sentí tan frágil, tan indefensa... Una sensación de vértigo. Aquella, tan conocida sensación de Desamparo... Un terror profundo fue adueñándose de toda mi humanidad. Exactamente la misma, esa sensación de mis eternas pesadillas. Tan familiar, tan aterradora y temida... Aquel "viejo miedo" que me atormentó tantas noches. Lo había olvidado, pero...

... No lo había trascendido. La pesadilla recurrente a lo largo de mi vida... ¡se materializa... en ese Instante! ... ¡en ESE Fractal!

Aquel miedo de sentirme perdida en el mundo sin saber cómo ENCONTRAR EL CAMINO de regreso a casa... Perdida en un mundo desconocido... con el miedo que queda pendiente por superar... ¿Estaba obligada a vivirlo? ¿Estoy manifestando, una vez más, mis propios sueños? ¿Fue por eso que se materializó el viaje a Europa? O... ¿estuve haciendo UN Viaje a lo más profundo de Mi Ser?

No lo sé... Son tantas preguntas.

Todas las preguntas, las hice en aquel momento... Hasta ahora no tengo la respuesta... O quizás son muchas respuestas... La Verdad es difícil meterla en una sola Respuesta... En realidad no sé nada. Absolutamente nada... Nada... Ni siquiera sabemos cuándo estamos dormidos, cuándo estamos despiertos.

Sólo OBSERVO... Soy el Espectador de mi propia existencia... Voy Despertando Suave y Amorosamente... Tan difícil como Sanadora, fue, ES y continúa siendo ESA Experiencia... que tiene mucho que recordarme, cuando me atreva a leerme A Mí MISMA... Ese instante posiblemente sea el Momento de Dios y escriba mis memorias en Firenze.

* Superar la travesía dulce amarga, transmitirla y ver... AL OTRO LADO LA LUZ, ES TOCAR EL CIELO. ¡Gracias por esa Experiencia Sanadora!

SESTO FIORENTINO

Fue maravilloso llegar a Sesto Fiorentino, un pueblito pegado a Firenze. Es allí donde queda el Aeropuerto de Peretola. Mi vuelo de regreso a América estaba pautado desde allí. Llegué después de tomar tres trenes diferentes, desde el puerto de Civitavecchia.

Lo vivido en el Trasatlántico, quizás sea o no, parte de este libro. Lo que sí sé es que... finalizaré este LIBRO compartiendo contigo la Milagrosa Experiencia que viví al mirar a los ojos del "David" de Michelangelo". Prometo relatar esa experiencia al finalizar este libro.

Descubrir que había llegado hasta allí para cerrar otro Ciclo de mi Vida fue maravilloso. Estar ahí (sin saber cómo, ni de qué manera...) haber llegado allí para REAFIRMAR lo que YA sabía... LO QUE SIEMPRE SUPE... Llegué a FIRENZE para REAFIRMAR LA VERDAD... EL mundo está comenzando a Despertar... El mundo Sana con "LA MIRADA DEL AMOR".

LA MIRADA DEL AMOR

Con ESA amorosa mirada voy a escribir CADA una de estas Líneas, volcando mi Alma como lo hice en mi libro anterior... Si alguien ha extrañado un nuevo libro como "QUE SE DERRAME LA MIEL DE LAS ESTRELLAS" y a su vez se ha preguntado... ¿Por qué no volví a publicar un libro en todo este tiempo? No tengo la menor idea porqué...

Quizás no estuve lista para dar ese vuelco y plasmarlo en palabras hasta HOY... "Sólo sé que no sé nada"... Hoy me siento capaz de intentarlo una vez más... Viajar a ese Lugar dentro de mi Corazón donde Todos Somos Uno. Somos Únicamente Amor.

Si logro llegar a tu corazón y Sembrar una Semilla de Amor en Él, estaré agradecida de esta Nueva Oportunidad de Servir. Miel, Amor y Luz para ti.

Mi libro anterior finaliza con una Ecuación Milagrosa que nos lleva de nuevo a la FELICIDAD: AMNESIA + AMNISTÍA = AMOR = DIOS.

En esta oportunidad comienzo diciéndote... Esa ES la Única y Gran Verdad sobre todas las verdades. AMNESIA + AMNISTÍA = AMOR = DIOS.

DE LA PERCEPCIÓN A LA EXPIACIÓN

El viaje de la realidad subjetiva a la Realidad OBJETIVA es gradual... Vamos cambiando el lugar donde hemos estado poniendo nuestra atención. En algún momento dejamos de enfocarnos en el reconocimiento de la percepción equivocada. Una vez identificada pasamos a ENFOCARNOS EN LA LUZ.

SOMOS PORTADORES DE NOTICIAS QUE SUMAN AL NACIMIENTO de "LA NUEVA TIERRA". No se trata de ignorar la manifestación de un mundo que está moribundo... Se trata de CREAR CONSCIENCIA.

"LA CAUSA ES EL AMOR" reflejada en un planeta maravillosamente azul... florecido de Vida en millones de formas y colores. Un planeta de Paz y Armonía. LA DANZA DEL AMOR en cada Pensamiento, manifestándose en el mundo como Un Sueño Amoroso y Dulce. El espejismo cambia de instante a instante, se desvanece, para dar paso a... UN NUEVO REFLEJO.

Estamos encargados de SEMBRAR. Somos sembradores de Semillas de Amor en los corazones... Estamos Co-Creando con Dios el Cielo en la Tierra. Esa Es nuestra Única Función... * EXTENDER EL AMOR.

¿Cuánto he llorado en estas dos décadas? ¿Cuántas cosas he procesado? ¿Cuánto he Crecido?... ¿Cuánto he Despertado en realidad?

No lo sé, LO ÚNICO QUE SÉ... ES QUE NO SÉ NADA.

¿En Qué Nivel de Consciencia estuve cuando escribí "LA MIEL DE LAS ESTRELLAS"? ¿Dónde estoy hoy? Ni la menor idea. Sólo sigo mi proceso de DESPERTAR. El proceso de "CAMBIO EN PERCEPCIÓN" no se logra en un tiempo determinado. Cada proceso es diferente y Único. Es un trabajo absolutamente personal.

Cada amanecer damos vuelcos, día con día. Es repetición y ensayo. Vivencial... Es gradual, es paulatino... El tiempo lineal que nos tome hacer EL Cambio, depende de Nuestra Convicción. El Camino ES... dice UCDM.

Sólo una gota de Voluntad es suficiente para que el resto lo hagamos con la ayuda del Espíritu Santo. Tengo media vida dedicada a UCDM. Comenzó con una búsqueda en un momento de crisis... Una de las muchas crisis que me ha tocado vivir.

HOY Entiendo que... "La salida es hacia adentro". Comienzo de cero, sin ninguna referencia anterior. "QUE SE DERRAME LA MIEL DE LAS ESTRELLAS" tiene su Alma propia. Fue un proceso Único. Cada minuto está sucediendo el Cambio... Así es que... No soy la misma hoy, que la que fui ayer... Mi Esencia ES la misma, mi Consciencia ha continuado DESPERTANDO... Mis miedos de entonces, no son los mismos de hoy. Mi

Entendimiento es Otro, cada Instante Santo nos va Despertando.

TÚ ERES EL MILAGRO

"EL MILAGRO Eres TÚ" o "EL MILAGRO Soy YO" ES LO MISMO... Escribiendo mi libro anterior, mi Ser entró en un proceso de grandes Cambios. Así lo sentí y lo acepté. Mi EQUIPAJE... hoy se ha hecho cada vez más liviano...

Un millón de miedos se han quedado en el camino... MI LIBRO ANTERIOR finaliza con mi mudanza a la casita del campo... Fue aquella crisis la que me llevó a Cochabamba, Bolivia, en búsqueda de respuestas. En la Cabañita del Campo con alfombra rosa, viví un PACHACUTI (un Espacio de Tiempo... o Cambio de la Tierra en Quechua).

'Tao King' estuvo conmigo todo ese tiempo. Mi mascota Chow-Chow color Champagne, mi Ángel Guardián... Compartimos amaneceres, corrimos por los campos bañados de rocío, disfrutamos el césped verde infinito reflejado en miles de fractales mágicos de agua cristalina. Vivenciamos el Holograma... El silencio, la Energía Milagrosa del Amanecer... Ama-Nacer.

* Gracias Tao... por tu amorosa y guardiana compañía, cada amanecer de 17 vueltas al Sol, juntos. Gracias por cada

amanecer... Ahora no estás físicamente conmigo pero te quedas en mi corazón. Mi amado Ángel Guardián te reconozco. AMANECER simboliza AMA NACER... el Silencio y la Meditación fueron Regalos de inigualable valor para ambos. Sembré flores. Hice silencio... aprendí a Ser Feliz en soledad. Recuerdo que... en ese tiempo todavía me dolía "estar sola". Poco a poco mis miedos se fueron esfumando, se transformaron en Paz, Alegría... en Gozo del Alma... en Agradecimiento.

El Poder del Silencio... Amé el silencio y perdí miedos. Miedos que me mantenían atrapada en la ilusión. Poco a poco fui SOLTANDO al personaje, reencontrándome CONMIGO MISMA. Reencontrándome con el AMOR.

* "Un Milagro es el Cambio de Percepción, del miedo al Amor"*
Marianne Williamson

DESPERTAR

El PROCESO de DESPERTAR es Único. Mi proceso es uno más. UCDM me ha llevado de la mano amorosamente. Mi DESPERTAR ha sucedido de esta manera... El proceso de salir del dolor es posterior al de la ira.

HE IDO Sanando en ese Orden. La confusión que nos mantiene atrapados en este mundo raro, es un camino arduo de renuncias, entregas y grandes esfuerzos por lograr ser

Honestos. Nos pasamos una vida engañándonos a nosotros mismos. Negados a aceptar. Negados a mirar la Verdad. Nos asusta tanto esa Verdad, que no nos atrevernos a mirarnos al espejo. Preferimos continuar dando vueltas en círculos, buscando afuera.

Y... CONTINUAMOS BUSCANDO a ver si la salida es por algún otro lugar... Nos imponemos metas más difíciles, tratando de convertir a nuestro PERSONAJE en un héroe con capa. El ego se aferra fuertemente, vociferamos nuestras creencias, las reafirmamos a cualquier precio.

BUSCAMOS otras relaciones, casas más grandes, autos más costosos, fiestas y ruido... MUCHO RUIDO. Cantidad de estudiantes del Curso, en sus inicios, regalan el libro... O lo dejan por ahí escondido en algún rincón. Se niegan a continuar... No fue mi caso, yo lo tomé en mis manos y lo amé. Me enamoré desde el primer instante... Mi GRAN AMOR es el Espíritu Santo. Ningún substituto ocupa Su Lugar.

Pasamos gran parte de la vida dando vueltas en círculos. Haciendo cualquier cosa con tal de NO soltar "nuestra identidad". Hasta que un día comprendemos que... las repuestas no están afuera... y que el único camino es HACIA ADENTRO... "La Salida ES hacia Adentro".

En Ese Momento comenzamos el verdadero viaje hacia la Libertad. Poco a poco NOS vamos atreviendo a soltar apegos, creencias, memorias. Con asombro nos vamos despertando de aquella pesadilla, donde le dábamos valor a todo lo que no lo tiene.

¿Cuántos miedos y creencias habré dejado en el camino? ¿Cuántos patrones he disuelto? El miedo a aceptar mi vida "sola" ha sido de los más difíciles de soltar. Soy la mayor de 6 hermanos, crecí cuidando y protegiéndolos a todos. Sin saber cómo, me convertí en la "protectora" de ellos y de mi madre. Así es que después me casé y mi casa estuvo siempre llena de una gran y hermosa familia. El día que partieron mis hijos, no fue nada fácil para mí. Me costó asumir que ¡NO SABÍA QUÉ HACER CON MI VIDA! Fui mamá y papá... pasé mi vida organizando cada minuto en función de mis hijos. Y... ¿ahora qué?

El tiempo ha pasado haciendo un amoroso recorrido por Mi proceso de CAMBIO. Extendiendo la mirada a lo largo de este tiempo lineal. Compartiéndolo contigo (aunque no es real, lo vivimos como si lo fuese). El reflejo de mi espejo es ahora diferente... He Des-hecho muchos miedos... He tomado CONSCIENCIA de que mi vida es el reflejo de lo que pienso. He ELEGIDO el PENSAMIENTO de AMOR.

MIS MAESTROS DE AMOR

Las enseñanzas de UCDM me han sostenido en mi proceso de CAMBIO... El intervalo del Cambio de la Percepción a la Expiación es un camino de Entrega. Aunque se logra en un Instante, el paso puede parecer ser muy largo para llegar a Él.

AMOROSAMENTE y sin darme cuenta, UCDM me ha mostrado el Camino. Regina López Zayas, mi Maestra desde el primer día. Asistí cada jueves, por años a un Centro llamado "Miel". Allá di mis primeros pasos en el viaje del miedo al Amor. Me fui haciendo amiga del grupo de estudiantes. Personas mayores. Rodolfo, Belarmina, Ogui. (Ogui, la pionera de UCDM en Miami).

En ese tiempo El Curso todavía no se había traducido al español. Regina colaboró con Rosa María Wynn en la traducción al español. (Hoy está en más de 12 idiomas). Cada uno de ellos ha sido UN Maestro de Amor. El Curso se metió en mi vida sin poderlo evitar.

Al principio no comprendía nada... absolutamente nada... aquel lenguaje tan extraño y al mismo tiempo tan familiar. Primero tratamos de desglosarlo a nivel intelectual. Sin darnos cuenta, comenzamos a juzgar quien era más inteligente para asimilar la Enseñanza... Hoy, dos décadas más tarde, me río y siento una gran ternura por este Milagroso Regalo.

ILUMINANDO EL LADO OSCURO DEL CORAZÓN

El Conocimiento y la Sabiduría SON un constante y Eterno Desaprender. Cada Amanecer nos acercamos un poco más al Amor... Cada anochecer pedimos Guía a través del sueño a ojos cerrados... porque el sueño aún continúa con los ojos abiertos.

En el año 2000 abrí un Centro de Crecimiento Personal donde se impartía Reiki, Cábala, Yoga, Literatura, Taichí, Un Curso de Milagros, etc. Los más calificados profesores de cada materia pusieron lo mejor en aquel "Centro Ciudad Planetaria". Regina apoyándome muchísimo, comencé asistiendo a mi amada Orientadora en su clase semanal. Así nació mi Primer Taller Básico llamado "Iluminando el Lado Oscuro del Corazón".

¡Amo tanto el trabajo Milagroso que logramos hacer en cada oportunidad! Ese taller hoy es bastante conocido por los estudiantes del Curso. Es la plataforma de UCDM. Un Taller vital para Entender fácilmente la Enseñanza del Curso. Lo he dictado más de 130 veces a lo largo de este tiempo. Al finalizar cada Taller se obsequia un "Corazón de fieltro rojo, con un centavo en el medio". Ese regalo simboliza al "Corazón Iluminado". Algunas personas han hecho el Taller varias veces y me muestran su colección de Corazones...

Cuando escucho en alguna ocasión...

— "¡Hola Gise! ¿Te acuerdas de mí? Hice tu Taller en el 2005... O en el 2008... ¡Me cambió la vida!"

... Sólo puedo sentirme Agradecida.

Hoy simplemente puedo decir ¡Gracias! ¡Gracias! ¡Gracias! LA SEMILLA DEL AMOR GERMINA y DA MILAGROSOS FRUTOS. ¡Mi Corazón está de fiesta cuando escucha eso!

Entregando esas Herramientas he aprendido a Observar CON LA MIRADA DEL AMOR... Vivo para prestar Servicio, Sembrando en cada Corazón UNA Semilla de Amor. Esa Semilla continuará floreciendo Siempre. UCDM es Amor Puro desde la primera a la última página. Y todo aquel que logra leer o escuchar UNA Lección, jamás vuelve a ser el mismo. Se abre la puerta a esa Otra Realidad.

"NADA REAL PUEDE SER AMENAZADO.

NADA IRREAL EXISTE.

EN ESO RADICA LA PAZ DE DIOS" UCDM

.

2 CAPITULO DOS

El Plan Divino

TRANSFORMACIÓN

Mi Reflexión Espiritual está Inspirada en las Experiencias de Transformación de todos y en cada uno de nosotros, "los estudiantes del Curso". Dos décadas y media compartiendo el DESPERTAR con todos ellos, los que se realizan en mis clases. Sus nombres quizás no sean los mismos, pero cada Uno existe, tiene una vida y ha llegado al igual que todos, buscando la Paz. Cada uno de ellos es un Alma vivenciando su propio proceso. Cada uno ES un Maestro en mi vida.

* A los Maestros en mi camino. A los que han pasado brevemente, los que han estado por mucho tiempo. A los que se han quedado para siempre... a todos y cada uno de ESOS corazones que han palpitado junto al mío les dedico MI SEGUNDO libro.

Gracias por enseñarme en cada risa, cada lágrima, en cada ocurrencia, en cada barbaridad que decimos. ¡Gracias por la Pureza al reímos como niños! GRACIAS por ENSEÑARME en cada Transformación. Gracias por compartir la Inocencia en Nuestros corazones. Pido al Espíritu Santo que Guíe mis palabras, para que cada párrafo de este libro lleve El Amor, la

Verdad, la Luz y la Fe. Que cada frase sea Una Revelación de que los Milagros existen y sólo el Amor es Real…

"NADA REAL PUEDE SER AMENAZADO". UCDM

El proceso de Entender lo que significa "NADA REAL PUEDE SER AMENZADO" conlleva un vaivén de altibajos y experiencias vivenciales que nos sumergen en una centrífuga de confusión… Contradicciones y diálogos internos… Miedos, muchos miedos vestidos de diferentes emociones.

Mucho sube y baja buscando entender ¿Cómo es que no es real esto que toco? ¿Esto que sufro? ¿Esto que veo?

Salir del plano físico y entrar en Esa Otra Realidad, de la que habla el Curso, lleva tiempo y disciplina diaria. Un día comenzamos a Entender que el Curso está escrito en dos niveles. Habla de dos realidades… Aceptar eso a mí personalmente ¡me costó un montón!

Hoy sé que estamos rompiendo paradigmas. Saliendo de la percepción. "Cuando algo nuevo nace lo viejo tiene que morir". Y dejar morir al ego, no es fácil. Diluir al ego para que surja El SER, conlleva "renuncias dolorosas y desapegos que nos hacen sufrir".

DES HACER

El trabajo de DESHACER la percepción es constante. Esa Observación comienza a formar parte de nuestras vidas. ¡Por supuesto!

Constantemente nos enganchamos, cayendo en los viejos patrones de pensamiento. Al principio nos recriminamos... Después comenzamos a Ser un poco más amorosos con nosotros mismos y... pasamos a Perdonarnos.

¡Ahhh! ESA FASE ES MUY DIVERTIDA... ME ENCANTA PORQUE VAMOS VOLVIENDO A SER NIÑOS... ¡comenzamos a reír más!

El Proceso vivido con los estudiantes de VARIOS grupos de estudios ES SIEMPRE el mismo: ¡MILAGROSO!

CÓMO LLEGAMOS A UCDM

Algunos llegan rabiosos, asustados, y casi siempre muy, pero muy tristes, tan tristes como perdidos... CADA uno de "ellos" sigue mostrándome partes de mi misma. Un día TAMBIEN llegué dolida... tan dolida, confundida y perdida. De pronto, en algún momento comenzamos a SENTIR DE OTRA MANERA. UNA Transformación Milagrosa se materializa frente a nosotros.

Mirándonos UNOS a OTROS vamos descubriendo que podemos SER felices. Contentos, sonrientes. En cada alumno que llega... puedo verme a mí misma. Vamos soltando la rigidez, la resistencia, la ira. NOS vamos Integrando a esa hermosa y Milagrosa Dinámica grupal. Cada uno de Nosotros va Despertando con todos. Buscando SER la representación viva del Perdón. La Resiliencia en persona.

LA VIDA EN RETROSPECTIVA

Cuando hemos recorrido un largo camino, podemos hacer un ejercicio de Retrospectiva, como los Pintores... Vamos dibujando NUESTRA PROPIA HISTORIA. Un día lanzamos la mirada a toda nuestra Obra y nos encontramos con nosotros mismos, ante nuestro propio Asombro.

¡Ahhh! Pero si aquello tuvo que suceder de esa manera, para que pudiera ocurrir esto otro"... ¡Ahhh! pero si aquél que 'supuestamente' me hizo tanto "daño" fue mi mejor Maestro... Gracias a él, pude salir de aquella situación, etc., etc., etc.

Nos sucede a todos. Un día... me observé como Orientadora de UCDM. Mirando mi Retrospectiva, me di cuenta... "Todo lo que me ha correspondido vivir pertenece a un Plan Divino, que hoy Acepto con total y profunda Entrega".

Hoy, sin saber cómo ni cuándo, estoy dedicada a mi Función de Facilitadora de UCDM. A Eso vine. Mi mente está al Servicio de la Evolución de la Consciencia. Mi mente está al Servicio de la Divinidad.

Es Mi Función en este CAMINO que se llama VIDA... Esta Función llena mi Alma de gozo. No sabría vivir sin irradiar el Amor a través de esta MILAGROSA ENSEÑANZA. Transforma Nuestras Vidas para siempre.

UCDM TE INVITA A RECORDAR... ESTAMOS AQUÍ PARA SER FELICES... Ser Feliz no significa, ni quiere decir que las cosas en nuestras vidas están perfectas. ES ENTENDER QUE... EL CAMBIO ES VIDA Y LA VIDA ES CAMBIO. Asimilar ESO ayuda.

ENTENDER que jamás las cosas estarán en su lugar, porque todo se mueve... El ego pretende "tener todo en orden" PARA TENER PAZ... El Espíritu sabe que SI EL OBJETIVO ES LA PAZ todo lo demás se pondrá en su lugar.

ESO NOS DA EL DESCANSO DE LA ENTREGA... Cuando eliges la Paz, todo lo demás se pone en su lugar. "Busca primero el Reino de los Cielos y lo demás se te dará por añadidura"...

Me atreví un día a ELEGIR DE NUEVO... ELIJO SER FELIZ. Elijo no seguir esperando a que todas las cosas estén en su lugar para ser feliz.

ELIJO DE NUEVO

Elijo ser feliz, independientemente de lo que tenga, o deje de tener. De lo que haga o deje de hacer... "Soy Feliz porque elijo serlo"... POR LA GRACIA DIVINA EXISTO... POR LA

GRACIA DIVINA SOY. En ese momento comienza un largo proceso de Aceptación. La diferencia entre Resignación y Aceptación. La resignación está relacionada con el sentimiento de pérdida y sufrimiento. La Aceptación con Plenitud y Entrega.

LO QUE ME ENSEÑÓ BOLIVIA

De mi viaje a Bolivia traje aprendizaje vivencial. Fue un regalo llegar allí y vivir 30 días en un ambiente tan distinto. Tardé mucho tiempo en digerir esa experiencia para luego escribir "QUE SE DERRAME LA MIEL...". De aquel tiempo a este momento, he dado varios Saltos Cuánticos. Aquel viaje que transformó mi vida de manera contundente... al que llevé muy poco equipaje.

VIAJAR LIVIANO fue la recomendación de Chamalu. Por esa razón no llevé conmigo el Curso. Unos días más tarde y a punto de regresar a Miami, estuve en silencio pidiendo Guía... Allí apareció con toda su Luz Milagrosa EL LIBRO. Lo vi por una ventana en la biblioteca de Janajpacha. Esa fue la respuesta. Supe que debía permanecer allí, para vivir la Experiencia. Aquello parece muy lejano en mi mente pero ya estaba escrito. Me dedicaría sin darme cuenta a COMPARTIR UCDM... Cada Reflexión, cada palabra, cada versículo... con todo aquel que estuviese listo para Recibir.

Leer y releer cada página, cada Lección... es mi Vida. Existen partes de UCDM que las sé, precisa y textualmente, de memoria... Trabajo con 4 grupos de estudio a la semana. Cada clase lleva un proceso de dedicación constante. Es imposible no mantenerme Despierta... El Curso me lo exige a diario.

¡Cómo no Dar Gracias por este Regalo! Entender este mundo raro... poder observarlo sin juzgar. Vivir en Aceptación, Bendiciéndolo todo... Recordar constantemente que todo es un sueño... Es UN REGALO. Una Bendición vivir a través de la Mirada del Amor.

* Si no te suma... te resta...

y si te resta, no lo quieres en tu vida. *

DAR Y RECIBIR

Cada granito de arena cumple UNA Función que nos pertenece a todos. "El Proceso Evolutivo de la Consciencia". UN granito de arena pequeñito... puede SUMAR en la SANACIÓN del MUNDO... DESPERTAR es SUMAR al DESPERTAR del Mundo. AMANDO, nuestra Vida se Eleva a Otra Dimensión. Gracias. Gracias. TE AMO. GRACIAS.

Dar y recibir son lo mismo... Otro proceso de ENTENDIMIENTO por el que pasamos en este Despertar de Consciencia... EN EL PLANO HORIZONTAL no se nos ocurre ponernos a pensar en algo tan vital. "No nos queda tiempo para

Concientizar". DEAMBULAMOS POR EL MUNDO CREYENDO QUE ESTAMOS DESPIERTOS... *"El problema no es que estamos dormidos... El problema es que creemos que estamos despiertos". (Jaime Jaramillo)

Es un camino lleno de espejismos. Antes de concientizar lo que realmente significa "Dar y Recibir" actuamos en un nivel de Inconsciencia asombroso.

Actuamos como seres reactivos y nos negamos a nosotros mismos el Amor. CREEMOS EN LA CARENCIA Y NOS NEGAMOS A DAR... Atentos a lo que dice el ego...

* "El ego es el único que cree que Dar es tener menos" * UCDM. El Espíritu sabe que Dar y Recibir es lo mismo. NO ES DAR EN LA MEDIDA QUE RECIBO... ES RECIBIR EN LA MEDIDA QUE DOY.

LA SALIDA ES HACIA ADENTRO

Esa gran enseñanza se hizo vivencial en mi corazón, gracias a Rodolfo...

Rodolfo es de la primera generación del Curso. Él, junto a Regina, me ayudó a abrir mis ojos. Rodolfo llegó de Cuba en una barquita de madera que él y sus amigos construyeron. Llegaron descalzos y sin un centavo a este país en busca de Libertad. Cuando nos conocimos, Rodolfo ya asistía al Curso por mucho tiempo. En aquel momento era un hombre muy exitoso y adinerado, gracias a sus negocios de Equipos Médicos.

En algunas tertulias durante la Clase de UCDM Rodolfo hacía de 'Sherezade'. Cada noche narraba una nueva historia. Al llegar a Miami, comenzó a darse cuenta de la importancia del Dar. "A la gente le encanta Dar. Muchos no se han dado cuenta, pero a mí me correspondió ayudarles con esa Lección".

Rodolfo: — Yo tenía que pedir comida, zapatos y de todo, porque no tenía nada. Cuando la gente me preguntaba si no me daba vergüenza pedir, les decía que no... Las personas son felices dando... ¡Son felices dando!

¡Sí! Claro ¡Hemos venido a Dar! Somos felices dando. DEJAMOS DE SER FELICES CUANDO DEJAMOS DE DAR. Es Nuestra Esencia Divina. Amor Somos. El Amor se Extiende. Si no estamos dando no estamos en Nuestro SER.

Aquel relato de Rodolfo ¡me maravilló! Vi una Luz. Vi LA Verdad en su mirada al contar aquella historia... ¡La vivió en carne propia! como dicen. Cuando nos despojamos de todo, nos queda la SENSIBILIDAD DE NUESTRA ESENCIA.

Rodolfo: — Cuando me di cuenta de lo felices que eran las personas dando, supe que el intercambio entre ellos y yo, era perfecto. Yo les estaba regalando felicidad a sus corazones. Pedía, sabiendo que estaba dando a cambio Felicidad y eso lo cambió todo. Hemos venido a Dar.

En Dar y prestar Servicio se encuentra el gozo del Alma, solo que no lo sabemos. Preferimos sentir miedo.

* Gracias Rodolfo Mi Amoroso MAESTRO... Gracias a tu historia comencé el camino de Dar sin miedo... Dar por el gozo de Dar. Dar sin esperar nada a cambio. DARME A MÍ MISMA fue lo más difícil. Si deseo Amor tengo que darlo. Si quiero respeto, tengo que darlo. Si no lo tengo dentro de mí, no puedo darlo... El trabajo Interno de Amarnos y Respetarnos es Verdaderamente un proceso amoroso. No podemos dar lo que no tenemos.

Rodolfo me enseñó con su ejemplo.

* La palabra Orienta. El Ejemplo Guía... Y sólo la Entrega Transforma.*

Hace mucho que no nos vemos, pero dondequiera que se encuentre, quiero que sepa que su ejemplo me tocó profundamente. ¡Gracias Pachi!

COMENZAMOS A DEJAR de ser Víctimas y Victimarios. Descubrimos que tal cosa no existe. Sólo existen voluntarios. Y el Dar toma Otra Forma completamente diferente. Damos por Amor, no por miedo.

Entregamos sin invadir nuestro Espacio. Asumimos El Derecho a Ser Felices. Dejamos de lado aquel dar... hasta el sufrimiento. La palabra sacrificio se borra de nuestra vida y entendemos que nada que conlleve a sacrificio y sufrimiento es Amor. PACHI.

CHAMALU

Mi Guía Espiritual y Maestro de Amor mi querido Chamalu. De ti heredo al INDIO ADENTRO que me recuerda porqué llegué a Janajpacha.

. LAS CASUALIDADES NO EXISTEN *.*

— "Quizá estuviste aquí hace mucho tiempo y has regresado a recordar"… Esa frase… me marcó de por vida.

— ¡Gracias Chamalu!

Aquellas personas, entre ellas yo, todavía no habíamos descubierto que SER FELIZ ES URGENTE. Gracias por aquel tiempo entre las Casitas Circulares y los Amaneceres saludando al TATA INTI… ¿Cómo NO Amarte Si Eres Mi Hermano SOL? La Abuela MAMA QUILLA me regaló noches que no había visto... Encontré allí aquel Planeta del Amor que llegué buscando. Hoy Sé que el mundo que Veo es el que quiero VER… UCDM Lección "Por encima de todo quiero Ver".

CUANDO LOGRAMOS VER

Ese Dar se convierte en algo gozoso y natural. "Padre dime qué quieres que haga, donde quieres que vaya, que quieres que diga y a quien" UCDM

ES ASÍ COMO ENTREGO CADA DÍA… Sólo PREGUNTO... NO TOMO DECISIONES. De esa manera todo Fluye en

EMOCIONES Y FORMAS de SER FELIZ. Todo ENFOQUE toma un sentido de felicidad.

Comenzamos a CONECTAR con Nuestra Sonrisa Interior, a regalar sonrisas, frases gentiles, comentarios sumadores. En pocas palabras comenzamos a "Ser Generosos con Nosotros Mismos". Regalamos el Amor a Otros al Amarlo Todo.

LA RESPONSABILIDAD

Tomamos la Responsabilidad de nuestra vida. Vamos a recibir exactamente lo que damos. Retomamos nuestro Poder de Elegir de nuevo. "Si haces daño, ese daño nos regresa multiplicado". Si los seres humanos sólo entendiéramos eso... Dejaríamos de hacernos daño y tendríamos el caos resuelto". PODRÍAMOS SER FELICES Y PASARLA BIEN EN ESTE HERMOSO PLANETA AZUL. ES URGENTE SER FELICES.

Jean Pierre Garnier Malet, Físico Cuántico Francés, autor de la Teoría del Desdoblamiento del Espacio y el Tiempo (The Doubling Theory, 1988) desarrolla la Temática del YO Cuántico.

Habla sobre el Doble Cuántico, que va más allá de la forma, cuando retoma aquello que Jesús dijo "NO PIENSES HACERLE A TU HERMANO LO QUE NO TE GUSTARÍA QUE TU HERMANO PIENSE EN HACERTE A TI"... Así es que el asunto no parte de lo que haces... Parte de lo que piensas.

Gracias a la Tecnología, esta información puede llegar a todo aquel que elija otro camino que no sea el del sufrimiento. CADA UNO DE NOSOTROS, con nuestro grano de arena, aminoramos el proceso "doloroso" del Despertar.

Si ENTENDIÉRAMOS que no se trata de un castigo ni de nada parecido. Se trata simplemente de una Ley Universal. Y esa Ley no deja de funcionar aunque nos quedemos profundamente dormidos. Elevar nuestro Nivel de Consciencia y ALINEARNOS con ella en favor del BIEN UNIVERSAL. Eso ES.

¿Cómo Hago Eso? Amando... Perdonando... cada segundo de tu vida. TODO, absolutamente TODO Sana con el Perdón.

ES un DESPERTAR AMOROSO... El Curso nos va AYUDANDO CON DULZURA. Despertar suavemente ES un TRABAJO INTERNO DIARIO.

"La Paciencia Infinita da resultados inmediatos"... Entender ESO se nos hace difícil. Sobre todo cuando todavía no hemos ENTENDIDO que TODO ES PERFECTO COMO ES. Las dinámicas grupales en ESTE paso nos aportan muchísimas experiencias que nos permiten mirarnos los Unos a los Otros. Nos sentimos felices y morimos de la risa al darnos cuenta que ¡todavía seguimos creyendo que manejamos algo!

OBSERVACIÓN

Con el proceso de OBSERVARNOS y darnos cuenta de cuán locos estamos y luego el proceso de ACEPTARLO, es cuando comienzan estas Enseñanzas a bajar al Corazón. La Mente y el Corazón se UNEN y... "nos cae el Níquel"... ¡CLICK!

Comenzamos a darnos cuenta que no es tan disparatado plantearnos algo más... acerca de nuestra existencia... ¿Posiblemente por eso corremos? Tal vez nos vamos desvirtuando y vistiéndonos de ESCLAVOS INTEGRALES. Quizá estamos huyendo, quizá estamos buscando... ¿Buscando qué?

¿Por qué corremos? Corremos por las reglas que otros imponen... Le damos un valor a las cosas porque nos dijeron que ESO o AQUELLO era valioso. NOS VALORAMOS EN FUNCIÓN DE LO QUE LOS DEMÁS PIENSAN DE NOSOTROS. Y nos vamos fabricando un personaje que trata de sobrevivir ante el DES-AMOR a nosotros mismos. Nos ponemos metas que nada tienen que ver con la Verdadera Importancia de estar Aquí en este planeta. "HEMOS VENIDO A SER FELICES"... Es tan simple y tan sencillo y lo volvemos tan difícil y complicado.

ALGUNAS DINÁMICAS SUMADORAS AL PROCESO DE DES-HACER

Establecemos diferentes dinámicas que nos apoyan en el proceso de Des-hacer... El Curso es Vivencial. En clase trabajamos con la Vivencia.

La Dinámica de "LA NUEVA TIERRA" es un ejercicio diario... para buscar durante la semana noticias de "LA NUEVA TIERRA". Es una tarea práctica que suma al proceso mental de Cambio de NUESTRA Visión.

ESTAMOS PROGRAMADOS para mirar el lado oscuro de la historia... CREAR el HÁBITO de ENFOCARNOS en LA BUENA NOTICIA es una Herramienta de gran ayuda para AVANZAR... A cada Instante aparecen más y más Noticias de la NUEVA TIERRA y... ¡traemos Noticias Maravillosas!

La Tertulia posterior a cada clase está relacionada con el RENACER de Pacha Mama, Nuestra Madre Tierra. La PACHAMAMA está PARIENDO al HOMBRE de LUZ. Está Naciendo la Nueva Tierra de la que habla Eckhart Tolle. La Vivimos ¡Aquí y Ahora! Es vivencial. La Co-Creamos con Dios. El Cielo en la Tierra. Amén.

LA NUEVA TIERRA

La petición de la ONU para eliminar la RESPONSABILIDAD en los niños de llevar la tarea para sus casas... ¡Ahhh, qué

bendición! Estamos permitiéndoles a los niños JUGAR...
SOÑAR... CREAR... SER... ¡AL FIN LIBRES!!!

Finalmente el niño tendrá la Oportunidad de ser Él MISMO...
Es hora que nos permitamos soltar al personaje... Pasamos décadas tratando de sostener esa POSTURA QUE NOS IMPUSIERON... alimentando al personaje que nosotros mismos inventamos. Hasta que un día nuestro corazón se parte en mil pedazos y el dolor es inaguantable.

TODOS HEMOS VIVIDO momentos como esos. Unos no se identificarán en absoluto con este proceso vivencial que describo. Otros se igualarán en un COMÚN DENOMINADOR... Son diferentes procesos de CONSCIENCIA.

Algunos estamos listos para "Elegir de nuevo" y Elegimos el Amor. Otros no están listos y prefieren demorar sus propios procesos... Y eso es Perfecto también. Así comenzamos El Camino de Regreso al Hogar, que en realidad tampoco es de Regreso, porque nunca nos hemos movido de Nuestro Hogar.

SALIR DE LA ILUSIÓN

Para salir de la ilusión es necesario UN VIAJE INTERIOR muy profundo. Para conseguir el CAMINO DE REGRESO damos tantas vueltas... hasta que un día descubrimos que... La Salida es hacia Adentro.

RESONANCIA... Si Resuena contigo es "Un Magnífico Ejercicio"... Entrenar nuestra Mente a enfocarse en "Buscar el Lado Iluminado de la Vida". El Sintonizarnos con el AMOR es muy Poderoso. EL AMOR TODO LO PUEDE. EL AMOR ES TODO.

EL AMOR ES LA FUERZA MÁS PODEROSA DEL UNIVERSO... Al enfocarnos en Noticias que Trascienden, a favor de "LA NUEVA TIERRA", somos CO-CREADORES de esa TIERRA que está NACIENDO.

Los nuevos MAESTROS DE AMOR aumentan día a día en cuerpos de niños... ESCUCHAMOS SUS VOCES cada vez más fuertes.

La Mayor Revelación de esta Verdad es el caso de Malala Yousafzai, la activista de educación paquistaní y la persona más joven en ganar el Premio Nobel de la Paz, en 2014, cuando tenía 17 años... Ella también ha sido nombrada Mensajera de la Paz, el más alto honor dado por la ONU, por su campaña para promover la educación de las niñas.

Los niños están diciéndonos que es Urgente DESPERTAR... EL FUEGO NO SE APAGA CON FUEGO... SE APAGA CON AMOR.

Yeonmi Park es una defensora de derechos humanos, proveniente de una familia culta que sufrió de inanición cuando su padre fue enviado a un campo de trabajos forzados, al verse envuelto en el mercado negro, en la década de 1990, durante el derrumbe económico de su natal Corea del Norte. Ella y su madre volaron a China, donde cayeron en manos de traficantes de personas, antes de huir a Mongolia. Actualmente ella es defensora de las víctimas de tráfico y trabaja para promover el respeto a los derechos humanos en Corea del Norte y en todo el mundo.

Otro ejemplo, Greta Thunberg (Suecia, 3 enero 2003) una estudiante y activista de 16 años quien en 2018 destacó en las huelgas estudiantiles frente al Parlamento sueco, generando conciencia hacia el calentamiento global. En diciembre de ese año habló ante la Conferencia de las Naciones Unidas sobre el Cambio Climático acerca del daño irreversible que estamos haciendo al Planeta. En marzo de 2019 fue nominada para el Premio Nobel de la Paz por ser un símbolo ecologista mundial. A través de las redes escuchamos a Cientos, Miles de Maestros... Están naciendo en este momento... Observando ESA REALIDAD que suma a LA NUEVA TIERRA, sumamos a la Visualización del Paraíso uniéndonos vibracionalmente a LA GRAN FUERZA del AMOR.

Este Entrenamiento Mental diario diluye la ilusión del mundo viejo y le PERMITE NACER AL HOMBRE NUEVO... Sucede cuando la Luz entra en la oscuridad y la disuelve suavemente, sin atropellar... SE HACE LA LUZ y ¡TODO SE VE! ES el Trabajo de Co-Creación que nos corresponde Reflejar.

REFLEJEMOS EL AMOR. Esa Poderosa Energía que todo lo Sana, que todo lo Une... ESA... la que CREA. SOMOS CO-CREADORES cuando SOMOS CONSCIENTES de SER CONSCIENCIA en Evolución CONSTANNTE... ¡Estamos DESPERTANDO! La humanidad está Creciendo y el mundo está CAMBIANDO su mirada hacia El Amor... El Perdón... y La Compasión.

"NOTICIAS DE LA NUEVA TIERRA"... En Holanda están cerrando las cárceles y las están convirtiendo en REFUGIOS para nuestros hermanos que vagan por el mundo sin entender ¿por qué? ... ¿por qué a ellos no les pertenece un trozo de tierra para vivir? ... Y nadie responde... lo más triste es que... nadie entiende ni sabe por qué...

¡PORQUE TODOS ESTAMOS LOCOS! Es por eso solamente. No tiene respuesta, porque no existe la respuesta. Hemos fabricado este mundo inhumano porque todos estamos profundamente dormidos.

LOS NIÑOS DEL PLANETA AZUL

¿Por qué EXISTEN niños que mueren de hambre? ¿Cómo es que existen países donde se botan toneladas de comida???

"NOTICIAS DE LA NUEVA TIERRA"... En FRANCIA es ILEGAL BOTAR la COMIDA. Los supermercados, restaurantes y personas ya no podrán tirar la comida que les sobra. Es obligatorio llevarla a BANCOS DE COMIDA para LAS PERSONAS QUE NO TIENEN QUE COMER..."

Ya podemos ver "CAMBIOS" en la Conciencia colectiva. "Si CAMBIAS TU FORMA DE MIRAR EL MUNDO EL MUNDO CAMBIA DE FORMA".

¡Existen fabulosas noticias! Te vas a asombrar de cuántas cosas magníficas están sucediendo. Las "Noticias de la Nueva Tierra" existen... Las reenviamos y hacemos una cadena mundial de NOTICIAS POSITIVAS.

Chamalu "Busquemos trabajo en el CORREO DEL BIEN... En las oficinas del correo de malas noticias, ya trabaja mucha gente"... Llegaremos al 144 mil y el resto Despertará por RESONANCIA.

CORRE LA VOZ, CORRE LA VOZ, CORRE LA VOZ... Gregg Braden, autor del libro "El Tiempo Fractal" lo explica magistralmente... Su iniciativa 'Coherencia Global' es similar a la 'Psicosfera Planetaria'... O al 'Inconsciente Colectivo', del psiquiatra suizo Carl Gustav Jung, quien postuló la existencia de una substancia común a todos los seres humanos de todas las épocas y zonas del planeta, compuesta por emblemas primitivos, con los que se manifiesta un contenido de la psique que va más allá de la razón.

La lista se va haciendo mayor... ¡Corre la Voz! Nos enviamos constantemente una nueva noticia de LA NUEVA TIERRA y vivenciamos el darnos cuenta de que estamos SUMANDO en el PROCESO SAGRADO de la Co-Creación DEL CIELO EN LA TIERRA.

AQUELLO EN LO QUE TE ENFOCAS CRECE. ¿Dónde estás poniendo tu Fe? ... ¿En El Milagro o en el Caos? ... ¿En el Miedo o en el Amor? ¿EN DÓNDE ESTÁS PONIENDO TU FE?

¿Cómo puedo poner mi Fe en el miedo y no en el AMOR si SOY AMOR? ¿Cómo no poner mi Fe en el Milagro si vivo en Él? Vamos Conectándonos con EL LADO ILUMINADO DE LA VIDA.

EL MUNDO REAL EXISTE

EL MUNDO REAL... existe. Está Naciendo... Compártelo... ¡Cuéntaselo a todos! Creando desde la Vibración más Elevada, EL AMOR, un mundo más AMOROSO, más HUMANO... Un MUNDO de PAZ.

EXISTEN DOS NIVELES DE REALIDAD

"NADA IRREAL EXISTE"... ES EL NIVEL HORIZONTAL DE CONCIENCIA... Allí estamos TODOS ATRAPADOS... Es un NIVEL de ENTENDIMIENTO casi Básico... PENSAMOS SIN

DARNOS CUENTA QUE PENSAMOS… Actuamos como autómatas desde nuestras mentes programadas, repletas de creencias, viejas y anticuadas programaciones. Y desde esas mentes elegimos, razonamos y actuamos.

Utilizamos el pensamiento para organizar, planificar, sumar, restar, juzgar, culpar, negociar, planificar… Pero no para Concientizar.

Por mucho tiempo nos quedamos por este camino. Corriendo, manipulando, empujando y creyendo que controlamos algo… Hasta que nos damos cuenta de que no… NO controlamos NADA… Sólo ELEGIMOS… Y elegimos en función de nuestros NIVELES DE CONSCIENCIA… Las OPCIONES para elegir son sólo dos… Eliges ESCUCHAR esa voz que te ATORMENTA, que es el ego… O te atreves a escuchar la voz de tu CONSCIENCIA, "La del Espíritu Santo"… Para escucharla es necesario DESEARLA con tu Corazón… Y HACER SILENCIO.

EL SILENCIO ES SAGRADO / EN EL SILENCIO ESTÁ DIOS
Sólo existe Una Voz. La otra la hemos inventado. ELEVARNOS AL PLANO VERTICAL DE CONSCIENCIA DEL QUE HABLA EL CURSO ES ELEGIR ESCUCHARLA. El Amor es lo que Eres y el miedo es lo que has inventado.

El Curso nos va llevando de la mano amorosamente del nivel Horizontal al nivel Vertical de Consciencia...

DE LA PERCEPCIÓN A LA EXPIACIÓN. El paso puede parecer muy largo y doloroso para algunos... El tiempo en realidad es irrelevante, simplemente porque no es Real. Vivencias el Milagro cuando eliges el Camino del Amor.

"UNA GOTA DE VOLUNTAD" es todo lo que nos pide el Curso... DESEO La PAZ De DIOS... Lo deseas de Corazón y comienza a abrirse un Camino diferente para ti de Inmediato... Esa APERTURA sucede Una Vez Que PERMITES a La Fuente... SER Tu Guía. Una gota de Voluntad y se nos REGALA la LIBERTAD de SER FELICES y VIVIR en PAZ... Damos el Salto Cuántico ¡Somos CO-CREADORES con DIOS de EL CIELO EN LA TIERRA!

LA RELACIÓN SANTA

La Verdadera y Única Relación Santa que existe es... La TUYA con DIOS. La tuya con El AMOR. Con La LUZ. Con La FUENTE. ¿Qué importancia tiene cómo le llamemos? ES y SERÁ SIEMPRE. EXISTO POR LA GRACIA DIVINA. YO SOY POR LA GRACIA DIVINA. Por la Gracia Divina SOY.

Y para mí, no es necesario saber nada más... Es inefable... SE SIENTE... ABRES tus OJOS y COMIENZAS a AGRADECER y a BENDECIRLO TODO. Esa ES La Relación SANTA... La

Única que EXISTE... Luego de CONCIENTIZAR esa CONEXIÓN DIVINA, comenzamos a EXTENDER el AMOR NATURALMENTE... Porque ERES AMOR.

La Relación SANTA Es CONTIGO MISMO a Tu NIVEL Más ELEVADO... Al NIVEL del AMOR DESCUBRES lo que ERES... Soy Únicamente AMOR... Al principio nos cuesta comenzar a Entender qué significa realmente la palabra AMOR... y el recorrido de regreso puede parecer agónicamente largo.

DES HACIENDO ENCAJES REGRESARÉ HASTA EL HILO

¡Ahhh! Resulta que para ENTENDER de qué se trata todo esto, necesito deshacer... DES-HACER cada punto del tejido viejo en mi mente. Por ahí vamos danzando en un tira y encoje... Diálogos Internos comienzan a aflorar y nos atrapamos OBSERVANDO A NUESTROS PENSAMIENTOS LOCOS.

Compartimos esta experiencia grupalmente disfrutando el DESPERTAR DE TODOS... Porque Todos Somos UNO. Es maravilloso Crecer juntos cada noche. Estoy Agradecida de esta Milagrosa Experiencia. UN Regalo, UNA Bendición. Extender la palabra AMOROSA con la que nos despierta El Espíritu Santo...

"NO PUEDES GOLPEAR CON LA VERDAD A NADIE"...

Una maravillosa frase en una de sus magníficas Reflexiones (RAMA)

LA VERDAD ES UNA... Y EN SU MOMENTO se va DEVELANDO a cada uno de nosotros. VEMOS caer suavemente los velos de la Percepción... La Relación CONMIGO MISMO ES el rescate del ALMA...

El corazón va dejándose sentir... Y UN DÍA... nos atrevemos a escucharlo y descubrimos que sí... que realmente NOS VA AVISANDO lo que me suma y lo que me resta... Descubrimos que... VAMOS BIEN... porque SENTIMOS PAZ y POQUITO a POCO nos vamos UNIFICANDO.

A medida que comenzamos a SUMERGIRNOS en NUESTRO CORAZÓN, vamos extendiendo el AMOR hacia NUESTROS hermanos. Un día, sin darnos cuenta, nos vamos sintiendo tan, pero tan felices de establecer RELACIONES SANTAS con el mundo.

En cada vivencia, una Reflexión. Comenzamos al fin a darnos cuenta que... La Salida es hacia Adentro.

ALGUNAS REFLEXIONES DE WAYNE DYER

Tu potencial de Amor aumenta en la medida que comienzas a ver la Perfección en todas tus relaciones... Al reconocer la Santidad en los demás, los vas a tratar con expresiones de la

Naturaleza Divina que todos compartimos, sin pretender nada de ellos. Por lo tanto, llegamos a un punto en que consideramos Santa y Sagrada toda relación. Todas las personas con las que nos involucramos, están allí frente a nosotros... Es imposible Ser Consciente de mi propia Conexión con la Fuente, si no soy capaz de Ver y Honrar a Esa misma Esencia en el Otro.

Una Característica de La Relación Santa es... la capacidad de vernos a nosotros mismos como expresiones de la Divinidad. Verse a sí Mismo en toda la Humanidad. ES LA CAPACIDAD DE CELEBRAR Y HONRAR a los demás EN ESE LUGAR DONDE TODOS SOMOS UNO.

Te amo Dr. Wayne... Un Gran Maestro de Amor en mi Camino. Gracias... Gracias... Gracias... Miel, Amor y Luz para ti.

ESTAMOS DESPERTANDO

Definitivamente el mundo está CAMBIANDO para un mundo mejor. Sintonizándonos con ESA BANDA VIBRACIONAL veremos el Nacimiento de una Amorosa CONCIENCIA, evolucionando... Esta es una REALIDAD con MAYÚSCULAS. La Nueva Tierra ya está aquí... Algunas Noticias de LA NUEVA TIERRA...

ITALIA: Reducen impuestos a las personas que ADOPTEN una MASCOTA.

BRASIL: Comienzan un 'Delivery Gratis' para la comida que les sobra... Los Restaurantes llevan la Orden a tu puerta y además te ofrecen el servicio de llevarse la comida que tienes en el refrigerador y no vas a comer. Luego la trasladan a los bancos de comida. ¡ALELUYA!! Estamos DESPERTANDO...

FINLANDIA: Tiene uno de los Sistemas Educativos más avanzados en el mundo. LOS NIÑOS APRENDEN A LEER HASTA PASADOS LOS 7 AÑOS. Van al colegio y eligen lo que quieren aprender... NO existen las evaluaciones, ni las tareas para el día siguiente... ¡Al fin... los niños pueden Ser Libres y Felices! Disfrutar la maravillosa etapa de la niñez.

En ese ESPACIO de TIEMPO hasta los 7 años el niño DESCUBRE... Quién ES... Se Solidariza con su MEJOR AMIGO: "SU YO INTERIOR". DESCUBRE que NO Está Sólo y que Es CREADOR de UNIVERSOS poniendo su Imaginación al SERVICIO del BIEN de TODOS.

Me he preguntado siempre... ¿Será que se le ocurre a alguien INVENTAR un tipo de videojuego... un juego digital donde el niño descubra que puede CREAR MUNDOS MARAVILLOSOS, enfocando SU Atención en crear la belleza, el amor y la paz... ¿Será posible que alguien lo manifieste?

Somos creadores Siempre... Sólo que estamos usando ese DON DIVINO sin ningún tipo de CONSCIENCIA y sólo vemos la historia que hemos fabricado… NO SOMOS víctimas de las circunstancias. Somos los padres de ellas.

3 CAPITULO TRES

Cada Niño Es Un Maestro

Al Planeta Azul están llegando Maestros de Luz en cuerpos de bebé... Vienen a ayudarnos a Despertar... Traen otro ADN. Los niños Índigo, Cristal, Arcoíris... TODOS SON Maestros con una Elevada Vibración. Hace mucho tiempo que lo siento en mi corazón... "El niño es Sagrado y Debe Ser Recibido con Reverencia Divina". Si empezamos a Respetarlo, en 3 décadas tendríamos "Ese Mundo de Paz que tanto soñamos".

Así como en Holanda comienzan a cerrar cárceles, TODOS vamos a salir de nuestras propias cárceles mentales. Aceptando lo que ES nos enfocamos en el AMOR. Practicando el Perdón, como un NIVEL de CONSCIENCIA, transformaremos esta realidad de un mundo en guerra a... El Cielo en la Tierra de un Mundo de Paz.

No hay más opciones. Tu Libre Albedrio es sólo para elegir entre... UNA SOLA VOZ... O continuar inventando peripecias en los miles de laberintos del camino del ego. El ego fabrica el conflicto y la guerra... el ego mata, separa y destruye.

UN CURSO DE MILAGROS DICE: EL HIJO DE DIOS ES INOCENTE

¡Ahhh! Qué complicado suena, cuando suena por primera vez en nuestros oídos… ¡Ahhh! Pero si hemos existido por toda la humanidad, buscando la culpa y el castigo para el pecador… ¿Cómo puede ser que ahora todos Somos Inocentes?

Asimilar esta Nueva Mirada que nos señala Jesús es, para muchos de nosotros, motivo de serias contradicciones en el proceso… DES-HACER "LO QUE CREÍAMOS ERA VALIOSO"… Deshacernos a nosotros mismos… Eso Duele. Al principio…

Luego descubrimos que nada de lo que deshice me hacía falta. Al contrario. Descubro que voy siendo más Libre y más Feliz.

TENEMOS LA Gran Recompensa… La Libertad del Alma que SE Eleva y Nada ni Nadie la puede detener… ES UN VIAJE ASCENDENTE AL NIVEL VERTICAL O EXPIACIÓN… EXPIACIÓN = DESHACER.

El OBJETIVO de UCDM es que… "DESPIERTES SIENDO FELIZ… QUE RETOMES TU HERENCIA DIVINA… LA PAZ".

Cuando yo leí esto no entendí nada. Cómo asimilar algo así con nuestras mentes programadas para pensar que… "el amor no existe, que las personas son falsas y peligrosas, que es imposible ser feliz". ¿? Y por ahí pare de contar… Son programaciones severas, que nos manejan la vida y no nos damos cuenta…

Actuamos como marionetas de nuestras programaciones inconscientes.

Y claro, continuamos considerando la felicidad como algo inalcanzable, que además de incierta y resbaladiza, se nos escapa constantemente como el AGUA ENTRE LOS DEDOS... Porque si no la tengo, me da miedo... y si llega... tengo más miedo de perderla...

Y así, transitando tantas veces por los mismos caminos... En la agonía... buscando la felicidad afuera... Corriendo detrás de ella hasta sentirnos completamente exhaustos... Agotados de tanto dar vueltas en círculo. Y es que... LA SALIDA ES HACIA ADENTRO... NO EXISTE NADA AHÍ AFUERA.

¡Ahhh! Oookey... Entonces, es hacer el Viaje al Interior más profundo de nuestro corazón y esperar todas las Repuestas...

* Un versículo de la Introducción del Libro dice: "Este es un curso obligatorio. Desde el momento en que decides tomarlo es voluntario".

OBLIGATORIO QUIERE DECIR que... "EN ALGÚN MOMENTO, LLEGAREMOS A ESE NIVEL DE ENTENDIMIENTO"... A ESE NIVEL DE CONSCIENCIA.

Podemos tomarnos todo el tiempo que elijamos tomar... Es voluntario. Lo segundo es la Perseverancia, el Secreto... a todos los Niveles. Necesitamos ser Consecuentes con Una decisión... Perseverar cada día con el CAMBIO EN CONSCIENCIA. El

Curso es Práctico, absolutamente vivencial. Poco a poco vamos acercándonos a Entender ESE Algo... Pero lo que nos hace DESPERTAR es la EXPERIENCIA PERSONAL.

CADA VEZ QUE ELEGIMOS DE NUEVO... Y ELEGIMOS LA PAZ, VEMOS SUCEDER EL MILAGRO FRENTE A NOSOTROS...

Así, es cómo vamos RECORDANDO. Nuestro PODER CREADOR nos PERTENECE por HERENCIA UNIVERSAL. Somos CO-CREADORES del CIELO en la TIERRA. Si no tomamos profunda Consciencia de ESO, estamos fabricando caos... sin darnos cuenta.

SOMOS CONSCIENCIA EVOLUCIONANDO CONSCIENTEMENTE... La Evolución Está En EL PENSAMIENTO.

LO QUE SUCEDE ES CONSECUENCIA DEL PENSAMIENTO TODO SE FORMA EN EL PENSAMIENTO. Luego se manifiesta... La ÚNICA MIRADA que puede CO-CREAR el CIELO en la TIERRA es LA MIRADA DEL AMOR... "Gracias a la vida que me ha dado tanto... Me Dio Dos Luceros..." Dos Luceros Santos... Con ello "distingo lo negro del blanco"...

Con ellos trasciendo fronteras, campos, me elevo al infinito azul del firmamento, para sentir la Luz derramarse en... el Arrullo Del Mar, el Trinar del Pájaro, el Aroma de una Flor... En la

Mariposa Danzando por el Verdor infinito... CELEBRANDO LA LLEGADA DEL AMOR.

TODO SE ILUMINA COMO SI FUESE TOCADA POR LA MANO DEL CREADOR. LA CHISPA DE AMOR EN CADA FORMA, EN CADA SONIDO, EN CADA COLOR.

GRACIAS vida que me has dado tanto... Benditos Todos. Benditos Sean. Amanecemos Agradeciendo y Bendiciéndolo TODO. Entregamos y Bendecimos TODO antes de dormir... MI PAZ NO ES NEGOCIABLE... "Mi PAZ Os Dejo. Mi PAZ Os Doy"...

FRACTALES DE LUZ

* UNA NOCHE DE JUEVES... Una noche de jueves cualquiera... Una noche de Vivencias Intensamente Sanadoras. Esta Noche ha sido ENRIQUECEDORA, como cada una lo ES. Son muchas las NOTICIAS de LA NUEVA TIERRA. La Dinámica del enfoque en ese otro lado de la Realidad, nos ha dado un resultado ¡maravilloso! Nos REGALA la OPORTUNIDAD de la PRÁCTICA de La PAZ INTERIOR.

Nos Observamos y compartimos Amorosa y Compasivamente nuestros procesos de Cambio. En las pupilas de cada uno de nosotros podemos observar la PAZ que refleja Nuestro SER INTERNO... Y nos Bendecimos por ESO...

ESTA noche es un Regalo Celestial más que la Vida nos ofrece. El niño Interno juega y pasa desde lo más profundo de las Reflexiones a la risa por las ocurrencias de alguien.

El AMOR Y EL HUMOR siempre presentes en nuestras clases.

HOY CELEBRAMOS más noticias de LA NUEVA TIERRA… Poco a poco sin darnos cuenta estamos tejiendo una MANTA DE LUZ para cobijarnos todos. ES PERMITIRLE AL AMOR HACER SU PARTE.

La Evolución Es INDETENIBLE. No se detiene jamás, estemos o no conscientes de que SOMOS CONSCIENCIA EVOLUCIONANDO… ESO SOMOS. Es Maravilloso VIVENCIARLO Conscientemente… y disfrutar cada paso.

UCDM Es UNA Invitación. Tú puedes elegir no ser feliz, seguir sufriendo por todas las cosas que pasan, las que no pasan, las que pasan de forma diferente a… COMO LO HABÍAS PLANEADO. Nadie puede obligarte a SER FELIZ. Es una decisión tuya. Absolutamente autónoma. Vivimos este sueño, este proceso… siendo felices o infelices… Y no es posible SER FELIZ y tener miedo.

UCDM nos ayuda a des-hacer los miedos. Nos va retirando los velos de la Percepción… para VER EL AMOR… Todo sucede como tiene que suceder… Jamás sucederá lo que es imposible que suceda… Jamás sucedió algo diferente a lo que tenía que suceder. Todo está en Orden Divino. Por eso la culpa no tiene cabida en esta Realidad en MAYÚSCULAS: NADA REAL PUEDE SER AMENAZADO.

* La Felicidad es una Decisión… Una Actitud ante la Vida.

Yo elijo ser Feliz o infeliz. *

LA REALIDAD FÍSICA

En este tiempo he vivenciado miles de transformaciones… He dado saltos del miedo al Amor en múltiples danzas… Lo resumiría de la siguiente manera…

VIVIMOS DANZANDO… entre el Subibaja del que habla Belarmina… "La vida es un cachumbambé"… SUBE, BAJA… SUBE, BAJA…

SIENTO QUE VOY DE REGRESO A MI VERDADERO HOGAR. Constantemente me desvío del Camino. Me PERDONO y REGRESO… REGRESO AL AMOR… Regreso a La PAZ.

INTENTO CO-CREAR CONSCIENTEMENTE UN MUNDO AMOROSO, COMPASIVO, DULCE… consciente de que sigue siendo un sueño… Sólo que AHORA es un SUEÑO AMOROSO que nos lleva al CAMINO de REGRESO… Nos va llevando amorosamente a nuestro verdadero Hogar.

Nos va llevando a la Paz Divina, a la Paz de Dios. Todo sucede y sigue sucediendo porque la Vida es Cambio y el Cambio es

Vida... Subimos y bajamos... Y subimos y bajamos... comprendiendo...

Nos caemos y compartimos lo que nos duele la caída... Y nos reímos para Recordar que parte de Crecer es EQUIVOCARNOS... y Todo Cambia y Todo se Transforma... Y comenzamos a Entender que todo está bien, si sabemos ver el Otro Lado de la Luna. Todo está siempre bien... "El Cachumbambé de La Vida"

¡Gracias Mí Amada Belarmina! Maestra de Amor de UCDM. Te quedas en mi corazón con tu Sabiduría Infinita y tu excepcional humor.

EL DESGASTE DE ENERGÍA

Cuando nos damos cuenta de cuánta energía y tiempo hemos malgastado en tratar de sostener al Personaje, SE ASOMA POR TODAS LAS VENTANAS aquella Sensación llamada Frustración.

¿Cuánto tiempo hemos perdido juzgando y condenando al otro? ¿Cuánto tiempo más quieres pasar en ese juego macabro que no nos lleva a ningún lugar? ¿Buscando culpables y pecadores? ¿Cuánta Energía hemos derramado intentando culpar al mundo de todos nuestros males? ¿Cuántos momentos de amorosa Paz perdimos, por sostener una postura, una figura, una posición?

¿QUÉ PREFIERES, TENER LA RAZÓN O SER FELIZ? UCDM Y… dejamos de hacer resistencia, para buscar más profundo… Y buscamos más profundo haciendo una Total Inmersión hasta que escuchamos ESA VOZ que nos dice… El Perdón ES el Único CAMINO… El Perdón ES lo que SANA.

EL PROCESO DEL PERDÓN

El perdón tiene muchos niveles de ENTENDIMIENTO… Desde el perdón que cree que el otro nos hizo algo, por lo que debo evaluar si ¿perdono o no perdono? Vamos levantando capas de tul, hasta que LLEGAMOS al PERDÓN del que habla UCDM.

Existen DIFERENTES experiencias de lucha interna en esta etapa. Procesos de ira… INTENTANDO acceder a este ENTENDIMIENTO y… ¿Qué pasa con la Justicia?

Así continuamos DANDO SALTOS ENTRE UNO Y OTRO SISTEMA DE PENSAMIENTO… EL EGO O EL ESPÍRITU SANTO… La VOZ se va ESCUCHANDO a medida que ACALLAMOS la voz del ego.

CADA UNO VIVE SUS PROPIOS PROCESOS… Es maravilloso cuando compartimos los aciertos y desaciertos. Las veces que nos atrapamos juzgando… volvemos a comenzar. Vamos de Perdón en Perdón hasta que nos perdonamos… al Nivel más Elevado del PERDÓN.

ME PERDONO PORQUE OLVIDÉ QUIÉN SOY... Llegar a ese ENTENDIMIENTO es sólo un paso... UN PASO SIN RETORNO... De ahí en adelante el camino es irreversible y acumulativo.

MIS CLASES SEMANALES

Como Orientadora de UCDM y 'Life Coach' tengo varios grupos de estudiantes. Unos que están formándose desde hace mucho tiempo, otros que apenas comienzan. Todos vamos intentando ASIMILAR que el PROCESO de DESPERTAR Es... Gradual, Amoroso y Natural. Del miedo al Amor.

Una de las cosas más hermosas de UCDM es que desde el primer momento que lees un Versículo... Una Frase... Un párrafo... algo dentro de ti, Despierta... Sientes el Amor. UCDM es UN libro de Elevada Vibración.

Anoche, en la clase de los jueves... Hablamos de la diferencia entre el Pensar y el Sentir... Quiero escribir "lo que siento"... No "lo que pienso"... Lo Único Que Sé Es Que No Sé Nada... y comienza esa sensación de Liviandad...

Algo en lo más profundo de nuestro Ser nos dice... que todo está bien... que podemos soltar... Que sólo necesitamos una Gota de Voluntad... y lo demás se hace solo... ESO ME LIBERA. ME DA PAZ. AL FIN PUEDO DESCANSAR EN EL AMOR DE DIOS.

Es como nadar al otro lado del mar y LLEGAR a una Isla Milagrosa llena de Amor, que te invita a DESCANSAR. Esa sensación indescriptible que te RECUERDA... QUE ESTAMOS AQUÍ PARA SER FELICES. Que la vida es una Aventura. Dependiendo del Maestro al que decides escuchar, la Aventura puede Ser Maravillosa.

¡Ahhh! ese tiempo es confuso y complicado. Soltar... Soltar es un ejercicio que se hace lenta y suavemente. Al comienzo nos resistimos hasta causarnos mucho dolor en el proceso... Mudarse de Hogar consume mucho tiempo y energía. Elegir el Camino del Espíritu es colocar nuestra vida en Otro lugar...

MUDARSE DE DIMENSIÓN

ES UN ACTO DE VALOR Y ENTREGA... Se necesita ser muy Valiente para aceptar que la Vida en 180 Grados, diferente a como la habíamos vivido... ACEPTACIÓN... MILAGROSA Y SANADORA PALABRA... LA ACEPTACIÓN ES UNA ACTITUD DE ENTREGA TOTAL... Cuando llega la Aceptación a nuestra vida, hemos Descubierto la Razón de esta Existencia.

Un proceso gradual, amoroso, paciente. Siento mucha ternura cada vez que alguien me dice:

— "¡Hola Gisela! Ahhh sí, yo hice ese Curso, el Curso de Milagros".

El CURSO Es Un Curso que comienza y se hace Eterno... No existe un tiempo ni una manera de estudiarlo. ES UN ESTILO DE VIDA que se lleva cada día en el corazón. Ya ¡ERES!

María Elena lleva más de 8 años con Nuestro Grupo... Ella recuenta en forma jocosa, con su estilo elegante y fresco...

— Mis amigas me preguntan... Y... ese Curso ¿cuándo se termina? ¿Ya te graduaste? Ese Curso sí que es largoooo... ¿Cuándo te gradúas? ...

¡Nos Reímos TANTO con esos inocentes comentarios!

— ¡Imagínate! No nos graduamos nunca y estamos Despertando Siempre.

Lo que sucede es que estamos sumergidos en una realidad de principios y finales... sin darnos cuenta que en realidad no existe algo como tal.

Somos VIDA ETERNA manifestándose en Mil Formas. SOMOS UNA SOLA CONSCIENCIA. UNA SOLA MENTE. SOMOS UNO. Somos Uno con la Divinidad. Somos la Divinidad Encarnada.

EL DESPERTAR AL AMOR ES ETERNO... INFINITO. EL REGRESO AL AMOR... Es el Amoroso Proceso de Despertar... Creemos que estamos despiertos porque tenemos los ojos abiertos... Sólo que con los ojos físicos es imposible ver la Luz.

* Jaime Jaramillo (Papá Jaime) tiene una Reflexión que COMPARTO en clase... "El problema no es que estamos dormidos... Es que creemos que estamos Despiertos".

Creemos que estamos despiertos porque nos mantenemos en guardia, defendiendo nuestra posición en este mundo... SIN EMBARGO, no nos detenemos a entender de qué se trata este juego de egos peleándose por cualquier cosa. NO nos QUEDA TIEMPO para UN PENSAMIENTO tan básico como: ¿Quién Soy en Realidad? ¿Quién soy? ¿A qué he venido?

LLEGAMOS BUSCANDO

TODOS LLEGAMOS BUSCANDO... DANDO VUELTAS EN CÍRCULOS. SIEMPRE BUSCANDO AFUERA... Es lo que aprendimos. Nos enseñaron que ¡Todo está afuera!

Nos maravillamos con la belleza del mundo... ¡El mundo de los estímulos... las sensaciones! Descubrimos un maravilloso mundo de colores y formas. Nos asaltan sensaciones desconocidas... formas, reglas, leyes, ideas, creencias, circunstancias, diferentes realidades...

Un mundo que percibimos a través de todo eso, de nuestros CINCO SENTIDOS. Nos muestran un mundo cambiante e inesperado... NUESTRA EXISTENCIA se va limitando a LOS SENTIDOS y las PROGRAMACIONES DEL ENTORNO DONDE HEMOS ATERRIZADO. Todas basadas en el miedo.

La programación que nos mantiene prisioneros en la cárcel de nuestras propias mentes.

Somos el producto de todo eso. Fabricamos un mundo sin tiempo, vivimos corriendo detrás de la zanahoria... La forma en que la vivimos no nos permite un pequeño espacio de tiempo... para Concientizar... Más allá de todo lo que veo y toco... Más allá de lo que creo y tengo... Más allá del acento y del pretérito pluscuamperfecto... Más allá del firmamento que me engaña mostrándome cadáveres brillantes todas mis noches... ¿Más allá de... qué...? Más allá de todo eso ¿Quién Soy??? ¿Por qué estoy aquí? Un día, la pregunta se hace tan presente, que no logramos evadirla más.

Mis vivencias personales son parte del sueño... Comparto Fractales de mi vida en este libro. Fragmentos del Proceso... Mi Función ES DESPERTAR. Esa ES Mi Única Función... DESPERTAR. "AMANECER" AMA-NACER... Hemos venido a AMAR. AGRADECER cada amanecer... CADA NACIMIENTO. Cada risa, cada llanto. Agradecer la Gracia Divina. Por la Gracia Vivo, por la Gracia Soy.

LA FELICIDAD ES LA PAZ... LA PAZ ES LA ENTREGA... LA ENTREGA ES RETOMAR CONSCIENTEMENTE LA CONEXIÓN DIVINA.

Es Simple... Sólo que damos miles y miles de vueltas en círculo buscando AFUERA. Hasta que retomamos el camino... y al fin descubrimos que... La Salida es hacia ADENTRO.

VIVIR CONSCIENTE ES... VIVIR JUGANDO... Aceptar los cambios... Entender los Cambios... Retomar la RESPONSABILIDAD sobre la Creación del Cambio. EL CAMBIO ES LA CONSTANTE... SALTA, CORRE, DANZA, BAILA COMO EL FUEGO... VIVIMOS SALTANDO DE CAMBIO EN CAMBIO... Es una danza de bailarines.

Si nos miráramos en cámara rápida, nos veríamos como MARIONETAS dando Saltitos de Aquí para Allá y de Allá para Acá... "UN CRUCERO DE MILAGROS" nos lleva a Navegar DESPIERTOS, CONSCIENTES por ESE RUMBO... Reafirmando El Camino del Amor y la Unidad... Despertar y SER FELICES AMANDO, PERDONANDO y SIRVIENDO.

SALIR DE LA CULPA

Es el libre albedrío. Te enfocas en la culpa o te enfocas en el Perdón. ERES LIBRE DE ELEGIR... Y AL ELEGIR DE NUEVO, ELIGE LA PAZ... SIEMPRE LA PAZ... PALABRAS DE PAZ: "Extender Palabras de Paz con el Maestro de la Paz".

LA RETROSPECTIVA... Un día nos atrevemos a VERNOS entre la Causa y el Efecto. Poco a poco NOS VAMOS

TRANSFORMANDO EN EL ESPECTADOR... LA CONSCIENCIA QUE OBSERVA.

¿Observa lo que hago? ¡NO! ¡Observa lo que pienso! NOS ATRAPAMOS EN NUESTROS PROPIOS PENSAMIENTOS... Y ENTENDEMOS.

Nos hacemos Conscientes que... SOMOS Consciencia En Evolución. Entonces Abrimos la puertas de nuestro Corazón Y RESPETAMOS EL PROCESO INDIVIDUAL de cada UNO de NOSOTROS. ES EL AMOR.

Sólo AMAMOS. ES EL AMOR y Sólo EL AMOR.

"SI CAMBIAS TU FORMA DE MIRAR AL MUNDO, EL MUNDO CAMBIA DE FORMA"... y nos atrapamos atreviéndonos a CAMBIAR nuestra mirada por la MIRADA DEL AMOR... Damos UN vuelco de 180 grados.

Es el CAMBIO en CONSCIENCIA... de la Percepción a la Expiación. DEL PLANO HORIZONTAL DE CONCIENCIA, pasamos al PLANO VERTICAL DE CONSCIENCIA. SE LOGRA con la HERRAMIENTA Del Perdón... Es un proceso de Deshacer.

EXPIACIÓN = DES HACER

RETIRAR LOS VELOS que nos impiden la Visión... UCDM nos dice desde la Introducción.

* UCDM Introducción: Este curso no pretende enseñar el AMOR... el AMOR no es algo que se pueda enseñar... Sólo te

ayuda a retirar los obstáculos que te impiden experimentar la presencia del Amor, el cual es Tu Herencia Natural.

UCDM: De la Percepción a la Expiación es un viaje ETERNO... Se toma el Camino del Perdón y comenzamos a pedir Guía... es maravilloso cuando nos habla el Corazón... Ese Camino ES Feliz. Libre como gaviota en vuelo... ELEVA NUESTRA EXISTENCIA en Función de SER JARDINEROS... SEMBRAR SEMILLAS DE AMOR... Es El Único SECRETO. Cuando Entendemos ESO la razón de nuestra EXISTENCIA se Eleva a OTRA Dimensión... NOS VOLVEMOS CONSCIENTES QUE... Somos Consciencia en Evolución CONSCIENTE... Entonces Bendecimos y Agradecemos TODO.

* Siembra SEMILLAS DE AMOR a tu paso y deja un SENDERO DE PAZ floreciendo en el Corazón de los que vienen llegando.*

AGRADECIENDO Y BENDICIÉNDOLO TODO

Cuando nuestra mente loca nos maneja, los pensamientos son muy arremolinados... ¡Muchas voces al mismo tiempo!!! En Meditación diaria vamos encontrando ESE ESPACIO DENTRO DE NOSOTROS mismos...

Vamos Amando ese espacio Interior y... ¡NOS GUSTA QUEDARNOS AHÍ!

Nos permitimos entrar al SILENCIO... Dejando el ESPACIO VACÍO a medida que DESHACEMOS los CONCEPTOS,

PROGRAMACIONES Y CREENCIAS... Nos vamos ENFOCANDO en lo VERDADERAMENTE IMPORTANTE... PASAMOS A SER CO-CREADORES CONSCIENTES... CREANDO DESDE EL PENSAMIENTO.

JESÚS

Jesús: "No pienses en hacerle a otro, lo que no te gustaría que el otro pensase en hacerte a ti". Creamos a nivel del pensamiento... EL LOGOS. PENSAMIENTO CREADOR.

ENFOCARNOS HACIA ADENTRO es Una DISCIPLINA DIARIA que llevamos HASTA EL MOMENTO DE DORMIR... ENTREGAMOS a nuestro doble cuántico... Espíritu Santo, La Fuente... El cómo le llames es irrelevante... El VIAJE de cada noche de Luna se hace en Función de Nuestro Mayor Bien. Y EL BIEN DE TODOS.

NO dejamos al subconsciente sin rumbo... En el sueño a ojos cerrados también estamos CREANDO... Yo enrumbo mi Sueño pidiendo Guía... a la Luz, al Amor, al Entendimiento... PIDO que me muestre los Caminos que me lleven al Amor. ESTAMOS DESPERTANDO A OJOS ABIERTOS Y A OJOS CERRADOS.

EL VIAJE HACIA ADENTRO

UCDM es dulce, amoroso, hermoso. Sanador y absolutamente Milagroso, es el proceso de darnos la vuelta de 180 grados… En este Reencuentro de Maestros de Amor podemos CREAR UNA FIESTA para CELEBRAR la llegada al Planeta Azul de UCDM. Lleva 50 años desde que Helen Cohn Schucman comenzó a RECIBIRLO y 44 años en el mundo.

En mis años con el Curso hemos avanzado con pinitos Amorosos… HOY TENEMOS UN PROYECTO que ya comenzó a CAMINAR en VENEZUELA. Los niños están recibiendo las ENSEÑANZAS de Un Curso de Milagros para Niños… Como es natural se fue formando sin darnos cuenta… Una cosa es el PLAN DIVINO y otra es el nuestro.

"Un Curso de Milagros para Niños" nos llegó a través de Luisita. Fuimos leyéndolo en clase y nos quedamos maravillados de cómo se les puede mostrar el Amor a los niños desde muy pequeñitos… Luisita lo trajo desde España… Jessica hizo unas copias preciosas y una de esas copias, me la regalaron. Luisa y su esposo están compartiendo esas enseñanzas con sus dos hijos maravillosos. A LUISA la llamamos la ANGELITA del grupo ¡y lo ES!! Es Amor Puro.

EL UNIVERSO SE HACE CARGO

Un día apareció Patricia (estudiante de UCDM en Venezuela) en nuestra clase del jueves. Me contactó por mi página web... La invité a conocernos y durante la Clase fui sintiendo que ella estaba allí, por ALGUNA Razón... Venía por algo... y era LLEVAR Un Curso De Milagros para Niños a Venezuela... Así fluyó ESTE PROYECTO DIVINO... "Patricia tiene varios grupos de niños venezolanos y en la ciudad donde vive, Maracay, se han dado LOS PRIMEROS PASOS DE UCDM PARA NIÑOS... Patricia comparte con ellos Talleres Vivenciales de UCDM para niños. ¡Gracias Patricia!

LA FELICIDAD NO NOS CABE EN EL PECHO

CADA NIÑO QUE TRASCIENDA EL MIEDO, QUE RECONOZCA a su MEJOR AMIGO en Él mismo, CADA NIÑO QUE SALGA DEL MIEDO PARA VIVIR EN EL AMOR... será la Siembra de ESE MUNDO DE PAZ que estamos CO-CREANDO.

"Sé un reflejo de la Paz de Dios en la Tierra y

llevarás esta Tierra al Cielo" UCDM

SIENTO QUE ESTE LIBRO LO ESTAMOS

ESCRIBIENDO TODOS

Mi experiencia Vivencial Es la Experiencia de Todos

El Monje Budista

ESTE PROCESO ES GRUPAL... Compartiendo el proceso individual nos apoyamos mutuamente. Crecemos en cada error. Vamos del error al ensayo. En el Grupo de Hogar de Luz tenemos un "Monje Budista", MANUEL (Manny)... Llega, se sienta y se pone la Manta desde la cabeza a los pies... (Mantenemos el Salón con aire acondicionado). El Monje Budista le llamamos por su apariencia más allá de la forma... es un Verdadero Monje... Maestro de Dios comprometido con su trabajo Espiritual.

Manny viene trabajando con Un Curso De Milagros por muchos años. Arduamente, haciendo las Lecciones día a día. Es el Amor hecho hombre y nos Regala su Aprendizaje en cada vivencia difícil que le ha tocado. NUESTRO AMADO MONJE sobrevivió un accidente de motos y... ha vuelto a Nacer.

Compartimos ese REGALO dando Gracias por tenerlo nuevamente con nosotros. Quizás ese Milagro tenga un Significado, quizás Manny se ha quedado aquí porque tiene una Función pendiente... Lo estuvimos contemplando y... DICE QUE VA A PEDIR Guía. Siente que quiere SERVIR pero, no sabe cómo hacerlo.

* EL LIBRO "LA PRUEBA DEL CIELO" (Proof of Heaven, 2012) de Eben Alexander, tiene un Mensaje muy Importante sobre este tema. La Razón es que... a algunas personas les dan una

segunda oportunidad. Le dieron una segunda Oportunidad... el Regreso.

EL REGRESO ES ETERNO

Se manifiesta de diferentes formas... VOLVEMOS... EN OTROS CUERPOS, EN OTRO PENSAMIENTO. Volvemos cada vez que damos un paso hacia el Amor. Nacemos y morimos... Aniquilar a la IGNORANCIA es de lo que se trata... dejar morir de hambre al miedo. Observar Nuestra Evolución CONSCIENTE... Y SER LA MEJOR VERSIÓN DE NOSOTROS MISMOS. De eso se trata el juego de la vida. Hemos venido a AMAR.

Nada real puede ser amenazado. Nada irreal existe. En eso radica la Paz de Dios. UCDM va llevándonos por este CAMINO... POCO A POCO vamos ABRIENDO LOS OJOS... Entendiendo esa Milagrosa Verdad, Somos Eternos cuando en Nuestro Corazón anida el Amor... Es la Semilla que Crece como la Vida Misma... La Naturaleza de la vida es ¡VIDA! NO tenemos una vida... SOMOS LA VIDA MISMA.

Manifestándonos, SOMOS Consciencia en Evolución Consciente. Y un Día todo parece lo mismo, pero lo vemos TOTALMENTE DIFERENTE...

EN UN INSTANTE se abre un Arcoíris de Colores y posibilidades Infinitas... La Física Cuántica nos muestra sobre esa Verdad... Tú elijes cuál de ellas es la que deseas manifestar...Y pones TODO TU PODER CREADOR en esa ELECCIÓN. Y eso es lo que verás transcurrir frente a Ti, cada día.

Si quiero AMOR... tengo que DARLO. Quiero RESPETO... tengo que DARLO... No existe posibilidad alguna de que podamos... Dar lo que no tenemos. EL AMOR A TI MISMO es el primer paso... Una vez que ERES AMOR puedes... extenderlo de las millones de maneras que Existen para EXTENDER EL AMOR.

Esta noche en clase leímos... "Más Allá Del Cuerpo" VI Cap. / 18. Pg. 28.

"No hay nada externo a ti. El Cielo no es un lugar ni tampoco una condición. Es simplemente la Conciencia de la perfecta Unicidad. * Y el conocimiento de que no hay nada más: "NADA AFUERA DE ESTA UNICIDAD. NI NADA DENTRO".

TODO ES LO MISMO... EL TODO ES LA NADA, LA NADA ES EL TODO...

Muchos hemos sentido vértigos, haciendo el ejercicio de soltar. ¡ATREVERNOS A SOLTAR! Es necesario elevar el vuelo, como Juan Salvador Gaviota.

ASCENDER y elevarnos a Ese NIVEL de CONSCIENCIA... Volvernos CONSCIENTES que SOMOS... CONSCIENCIA en EVOLUCIÓN CONSCIENTE. En algún momento de nuestra evolución humana, comenzamos a pensar… Y por miles de millones de años, hemos utilizado ese Pensamiento para… ¡sobrevivir, inventar y fabricar cosas!

HEMOS MANTENIDO MUY ACTIVO AL INTELECTO…

Ese pensamiento nos ha traído hasta HOY. Al fin nos damos cuenta que somos ¡CONSCIENCIA EN EVOLUCIÓN! ELEVANDO NUESTRA Vibración comenzamos a Co-Crear el Cielo en la Tierra… EXISTE un mundo maravilloso naciendo… LA VIDA COMIENZA A MANIFESTARSE EN OTRAS FORMAS...

* Siembran hortalizas en parques al alcance de todos…

* Depuración de Lagos y Ríos con Nano Tecnología… Siembran aéreas con novecientas mil semillas diarias para reforestar los desiertos…

* Agua en forma sólida para cubrir sequías e irrigar siembras…

* Mares que ya comienzan a descontaminarse…

* Estructura artesanal para extraer la humedad del aire y convertirla en agua limpia y potable para los pueblos que antes morían de sed…

TODO ESO TAMBIÉN ESTÁ SUCEDIENDO EN EL PLANETA AZUL

Esta tarde estuve leyendo sobre "EL ÁNGEL SIN ALAS"…

Se trata de la historia de un chico de la India. El lugar en el que habitaba fue arrasado por las lluvias y no quedó sino una extensión infinita de nada... Él propuso reforestar y nadie creyó que allí volvería a nacer nada... Él Creyó en su SUEÑO y durante 30 años sembró con sus propias manos más de 30 mil árboles... Hoy VIVE en una Extensión de BOSQUES más GRANDE que CENTRAL PARK en New York.

ENFOCA TU ATENCIÓN EN LA CREACIÓN CONSCIENTE

Pensamientos de amor, manifestándose de todas las formas y maneras. Cada UNO pide su Propia Guía y el Espíritu Santo se encarga... Sé Tu MEJOR Versión. Tu Mejor Guía. Busca La PAZ y TODO Lo Demás Se Dará Por Añadidura... CREA CON PENSAMIENTOS BENEVOLENTES... CREA BENEVOLENCIA... TÚ ERES EL CREADOR DE LA BENEVOLENCIA EN EL CORAZÓN.

Entrega tu mente al Servicio de la Divinidad.

No es más que eso, pero tampoco menos.

La rueda Kármica... Es nuestra sombra... No es buena, ni mala. No es castigo ni culpa... Es simplemente esa parte que todavía no hemos Iluminado de nuestro corazón... Nos vamos Despertando y es gradual... Nuestra historia comienza a Transformarse a medida que vamos retirando los velos de la ilusión... Las personas de nuestro entorno comienzan a desaparecer... Y lo vamos Entendiendo de a poco.

Nos rebelamos, nos confundimos, pensamos que estamos retrocediendo. Nos frustramos, lloramos, pataleamos... ¡nos rebelamos! y todo lo demás... Poco a poco los espacios MENTALES comienzan a permitirnos llenarlos con otra historia... y vamos soltando la vieja historia repetitiva, hasta que dejamos de nombrarla e identificarnos con ella... No soy mi historia... YO SOY. SOY EL QUE SOY. Nuestra historia es circunstancial y sólo nos muestra el Camino que estamos eligiendo...

El "supuesto karma" se va diluyendo como si fuese una jarra de cristal llena de café negro... la gotita de agua que va cayendo... poco a poco... lo va ACLARANDO... HASTA QUE ES AGUA CRISTALINA. El agua cristalina al igual que el fuego no refleja sombra.

Así ES este proceso... PARA TODA LA VIDA... Gota a gota se hizo el mar.

NO TENEMOS OTRA FUNCIÓN QUE NO SEA LA DE AMAR Y DESPERTAR... Uno de los asistentes al grupo de los jueves es Fidel... Es maravilloso cuando Fidel nos cuenta sus experiencias y comparte sus entregas al Espíritu Santo. La ternura deambula en nuestros corazones... Nos Miramos Como Niños Descubriendo Un Baúl Maravilloso Lleno de LUZ... La humildad de Fidel nos enseña tanto... La naturalidad de Marisol cuando expone sus dudas. Todos nos regalamos la Pureza y la Inocencia en cada pensamiento, palabra y obra... SOMOS ÚNICAMENTE AMOR.

Por esta noche siento que he escrito suficiente... Necesito un tiempo para retomar este libro. Leer lo que Ya Está Escrito... Editar, etc.... Luego Seguimos... Gracias. Bendiciones. Dulces Sueños... Buenas Noches...

.

Retomo Mi Reflexión esta noche del jueves. Una semana después vuelvo a escribir... Completamente enamorada de Un Curso de Milagros. Esta noche en clase hemos vivido UNA Revelación. Nos visitó Luly con su esposo. Ella lleva varios años con el Curso y vino a mi clase hoy. Esa pareja maravillosa llegó a 'Hogar de Luz'. También estuvo visitándonos Alejandra desde Francia... Comenzamos con una Meditación dedicada al Amor.

* Cuando he descrito la noche de jueves en que llegaron Luly y Jorge, no tenía ni la menor idea de hacia dónde nos llevaba el Universo. *

* Escribiendo este libro, han transcurrido un par de años o más... Hoy en mi presente... y el tuyo al leerme... Luly y Jorge son un lazo de Amor y Luz para nuestra Familia de UCDM. Su oficina está abierta los martes por la noche para un grupo hermoso de estudiantes del Curso que crece y crece cada momento. Ellos representan el Amor y la bondad. Luly es Iluminada como una lamparita, con su ocurrente sentido del

humor y Jorge… a Jorge le llamamos El Espíritu Santo… Por su pureza y calidez humana.

LA ENERGÍA

La Energía GRUPAL nos regala una Experiencia Inefable de Milagros y Bendiciones. Este jueves fue algo que jamás olvidaremos… Esta noche vivenciamos Revelaciones que nos han hecho llorar de Agradecimiento. Es Perfecto cómo se va formando la dinámica grupal en cada pensamiento, pregunta, reflexión. Entrar a la clase de Un Curso de Milagros es entrar en Otra Dimensión… La Dimensión de lo Milagroso se va abriendo como un Arcoíris de mil colores. Nos vamos quedando sin palabras ¡Maravillados!

Nuestra capacidad de asombro nos traslada más allá de todo límite y logramos SENTIR como el Espíritu Santo, en cada Uno de nosotros, conduce Amorosamente cada intervención, hasta cerrar un Ciclo de 'Diosidencias' que se van Uniendo en un tejido Celestial, para formar la Figura Completa con un Mensaje ¡tan claro!

La temática, la lectura, las vivencias de cada uno van coincidiendo en una Clase Magistral que sólo desde el Cielo puede llegar. Se va revelando, como una fotografía, hasta que comprendemos en Silencio… PROFUNDO SILENCIO. Allí estuvimos, sólo como espectadores de un Plan Superior. Todo fluye y se manifiesta dejándonos saber que el Espíritu Santo está allí presente, Guiándonos... Gracias Padre por esta noche de Amor.

INGRID Y SU HISTORIA

Ingrid nos regaló esta noche una Experiencia que nos ha marcado a todos... Ella es Maestra de niños de 10 años. Lleva una vida dedicada a la docencia. Su entrega a esta Labor Docente la hemos ido descubriendo, como quien abre los pétalos de una flor... Es muy callada... Su español es hermoso, aunque ella entiende mejor el inglés... es por esa razón que ¡trae a mi clase los dos libros! Es divertidísimo como con aquella paciencia, va tratando de escuchar atentamente la lectura... y UNIENDO EL MENSAJE EN LOS DOS IDIOMAS.

Capítulo 17. El Perdón y La Relación Santa. PG. 397

IV. Los dos cuadros...

Dios estableció Su relación contigo para hacerte feliz, y ninguna cosa que hagas que no comparta Su propósito puede ser real.

Dentro de la lectura semanal que llevamos en orden, también intervenimos, aportamos preguntas, dudas y compartimos vivencias personales que se relacionan con el tema de esa noche... No sé cómo ni de qué manera entramos al tema de la vida y la muerte... MARISOL nos regaló la pregunta y se abrió un UNIVERSO de FORMAS.

— ¿Qué decirle a una madre que pierde a su hijo? Que la muerte no existe... que es una ilusión... ¿Qué decirle?

Quizás... Hacer SILENCIO y solamente abrazarla de Corazón... Es importante SER NATURALMENTE COMPASIVOS con el proceso de cada quien. ES AMOR siempre. EL MISMO LENGUAJE... AMOROSAMENTE COMPASIVOS... TE ABRAZO DESDE EL AMOR... El tema se va llevando según el Entendimiento de cada quien. "No podemos golpear con la Verdad". (RAMA)

"Aceptación"... Uno a uno, vamos leyendo y compartiendo la centrífuga Amorosa de... ESCUCHAR qué nos regala el Silencio Interno.

Llegamos al Párrafo 16. A medida que Dios ascienda al lugar que le corresponde y tú asciendas al tuyo, volverás a entender el significado de las relaciones y sabrás que es verdad.

Ingrid leyó y pidió permiso para tocar un tema personal al final de la lectura... Así lo hicimos... terminamos la lectura y el esposo de Luly, Jorge, le recordó a INGRID retomar el tema que ella deseaba compartir...

Lo que INGRID nos reveló sobre SU Experiencia relacionada con la muerte de uno de sus pequeños alumnos... no es posible compartirlo porque ese RELATO sólo Ella puede hacerlo... Sí puedo compartir que la Experiencia nos tocó profundamente. Ingrid es Un Maestro de Amor... Vivenciamos con ella UN

Instante Santo. Esa noche entendió el Verdadero Significado de Su experiencia "muerte" con ese niño. *Finalizamos con nuestra Meditación y el abrazo de siempre... "Somos únicamente Amor", Amén.

* Esta noche sólo quiero AGRADECER... BENDECIR... AMAR. Gracias por esta Milagrosa Noche de Bendiciones. He tenido un día de mucha Intensidad y el ALMA necesita LIBERARSE... salir a volar. Es vital conectarse con el pálpito AMOROSO del corazón... Sístole... Diástole... SOMOS Únicamente AMOR... Buenas noches. MIEL, AMOR Y LUZ.

*** ESTA NOCHE

Y cada noche que escriba diré... ESTA NOCHE... porque siempre es HOY. Así es que esta noche estoy de fiesta. Mi vecina del fondo es un Ángel. ¡Sí!!! No la he visto en persona y no necesito verla para saberlo. Margarita es un Ángel amoroso. Su árbol frutal tropical originario del sur de China, Litchi Chinensis, conocido como lichi o lechias, amenazaba con inundar mi terraza con miles de frutillas menudas de color ámbar. Fui a conocerla pero no la encontré, dejé mi tarjeta en su puerta: "Soy su vecina, ¿Me podría llamar?"

RING...

— ¡Aló!

Y RESULTA QUE... mi vecina Amorosa y considerada, me dijo que ella podía con sus hermanas cortar las ramas repletas de racimos de Litchi...

Margarita Mi Vecina...

— "Son deliciosos, en esta temporada hacemos helado de Litchi, jugo de Litchi, sorbete de Litchi en Florida..."

¡UN REGALO! Del "supuesto contratiempo" de la planta de Litchi que "invadía" mi espacio, paso a descubrir que tengo por vecina una amorosa Celestina. Me regaló dos enredaderas de flores blancas que provienen de la escuela donde ella trabaja... y dos bolsas repletas de Litchi!

— ¡Allí regalan las plantas!

Y yo, ¡necesitando re-hacer mi jardín! Ahhh, así son las cosas cuando son del Alma... Los Litchi para María Teresa, las enredaderas para mi jardín y UNA vecina con Alas de Ángel > Gracias, gracias, gracias...

Hoy estoy haciendo la lectura final y reditando lo que ya está escrito. Releyendo me consigo con este hermoso recuerdo... Le llamamos recuerdos pero en realidad son Vivencias. Experiencias que suceden en el Presente que es el único tiempo que existe... *Porque cuando sucedió fue mi Presente de Ese Momento*

Y Hoy, releyendo lo que he escrito, me doy cuenta que en realidad la Vida son Fractales de Luz que reflejan Vivencias.

Siento en mi corazón que es una DECISIÓN. Elegir de nuevo y Conectarnos en cada Experiencia como una Suma de REGALOS... ENSEÑANZAS... Conocimientos que nos regala ¡Fractales de Luz Amorosa! ELEGIR EL AMOR ES UNA DECISIÓN.

4 CAPITULO CUATRO

Somos Presencia

ENTENDER EL PLAN DIVINO ES LLEGAR A LA ACEPTACIÓN

La Aceptación no implica pérdida, la Aceptación es ganancia, siempre es ganancia. Cuando me aparto del camino y tengo la Humildad de permitir al SER que Guíe Mi CAMINO... Es porque ENTIENDO que Todo está bien. Que nada pasó diferente porque no era posible...Y es que TODO está bien.

Hoy estuve leyendo la Reflexión Diaria de Gabriel Molnar... "Frustración: Una Invitación a La Libertad". Toca la Aceptación de manera simple, sencilla y fácil de Entender... Se trata de ENTREGAR... Como dice UCDM: "Tu parte es simplemente retomar tu pensamiento al punto en donde se cometió el error, y entregárselo a la Expiación en Paz".

Yo estoy agradecida a la Vida. Estoy Viviendo un ¡Momento de DESPERTAR Único! como nunca jamás sucedió en el Planeta Azul. Estoy Agradecida de ver cómo el Reino Animal vive en amor total. Sin distingos de especies... El león cuidando al bebe monito, el oso polar cuidando a la ardilla... No sé, cualquier relación entre ellos ES un Culto a la Vida, a la Paz, al Amor. ¿Cómo podemos vivir sin agradecer tanta belleza, en cada SER

DESPERTANDO? Todos los que estamos COMPARTIENDO este SUEÑO AMOROSO somos privilegiados de estar presenciando EL DESPERTAR AL SER DE LUZ. ¡ABRE TUS OJOS, SOMOS LUZ!

La Tecnología, la Ciencia, la Física Cuántica nos regala cascadas de información absolutamente magnífica. Los que estamos Despertando tomamos Consciencia de Nuestro Poder Creador y nos responsabilizamos de Nuestra Propia Creación... EL PODER DEL PENSAMIENTO CREADOR.

Una vez que lo hemos Entendido, comenzamos a SER Creadores CONSCIENTES y transformamos nuestros viejos hábitos de pensamiento limitante en un Pensamiento LIBRE, AMOROSO, FELIZ.

Aceptar lo que Es... Es Vivir esta Existencia Fugaz siendo Feliz. Nos pasamos la vida rechazando el momento presente... No queremos estar ahí, continuamente queremos estar en algún otro lugar "donde quizás estaríamos más felices". O... ¡seríamos más divertidos! La mayoría de los seres humanos en este planeta viven descontentos con el momento presente, deseando estar en otro momento... Muchos, descalificando el presente, fabrican una rutina de descontentos... Nunca están contentos, pocas veces felices porque cuando sienten que ¡por fin son felices! entonces aparece la sombra tenebrosa del miedo a perderlo... y así transitamos en un eterno presente infeliz.

Cuando descubrimos que vivir es un constante e inevitable reto, dejamos de ver las situaciones (que cambian constantemente) como problemas y las tomamos como desafíos. Nos ocupamos de cada uno de ellos cuando surge y... SEGURAMENTE LO RESOLVEREMOS con buen humor, con la MEJOR ACTITUD permitiéndole a La PRESENCIA hacer su parte. Seguramente vamos a comenzar, por fin, a vivir más felices. El reto está en ACEPTAR lo que ES. El CAMBIO es la única constante. Vivir en contra de los CAMBIOS es vivir en contra de la VIDA MISMA.

Algunas veces nos atrapamos diciéndole a la Vida...

— ¡Ahhh! ¡Dame un descanso! ¡Un respiro!

Y me río porque de eso se trata el juego de la Vida... Una constante espiral CAMBIANTE que no se detiene... Aprender a vivir con el fluir de los Cambios ES VIVIR en Aceptación... En ESPIRAL ASCENDENTE... UNIRNOS a la Centrífuga MILAGROSA hacia LA LUZ. PERMITIRLE A LA PRESENCIA HACER SU PARTE.

Estamos profundamente dormidos, todavía creemos que nosotros somos nuestros egos. Todavía pensamos que controlamos algo. Vivimos repitiendo patrones de pensamiento, actuando y eligiendo en base a ellos. Nos hemos quedado atrapados en el submundo de las creencias y de las separaciones. Vibrando en miedo y defendiéndome de todo.

Viviendo afuera, buscando afuera, peleando afuera, corriendo afuera. NOS HEMOS OLVIDADO QUE... SOMOS PRESENCIA. AMOR. DIVINIDAD. CONSCIENCIA. LUZ.

Para Recordarlo es necesario ir Adentro. Hacer Silencio y Sentirlo. Sentir la Presencia Divina ES VITAL para VIVIR EL PRESENTE. Regalarnos la Oportunidad de Hacer Silencio y atrevernos a entrar en NUESTRO INTERIOR es sólo UN paso. DIOS ESTÁ TAN CERCA COMO MI PROPIO ALIENTO.

EL MILAGROSO ALIENTO

Es posible que tú, que estás leyendo estas palabras, sepas de lo que estamos hablando. Uno de nuestros grandes miedos es... el miedo a encontrarnos con NUESTRA DIVINIDAD. Saber QUE SOMOS PRESENCIA es aceptar con Humildad que Soy Uno con la Divinidad. Reconocer esto es un proceso continuo que no se detiene. Lo vamos reafirmando paso a paso.

Vamos Despertando, vamos echándonos a un lado, para permitir a la DIVINIDAD HACER SU PARTE. Vamos Confiando más, Soltando más, Aceptando más. Pensando menos. Voy recordando más a menudo que... Lo Único que sé, es que no sé nada.

Cuando tengo la Humildad de pedir Guía al abrir mis ojos, cuando tengo la humildad de entregar mi sueño cuando los cierro. Cada noche y cada amanecer. Cuando me he propuesto

Crear un Nuevo Hábito de Agradecer y Bendecirlo todo. Cuando me rindo verdaderamente y Entrego.

La Presencia puede Manifestarse a Plenitud y Hacer su parte. Esa Fuerza Creadora que le da forma a Todo allá afuera. ES también la Fuerza que ATRAE HACIA ADENTRO... para que Recuerdes QUIEN ERES. Es la forma en que el Universo Crea... Inhala... Exhala... Un Dar y un Recibir. Sístole y Diástole.

* Para ser grande primero tienes que aprender a ser pequeño. La HUMILDAD es la base de toda verdadera GRANDEZA.*

El sube y baja de la Vida, se mueve, cambia, se transforma, muere, nace, vive. SOMOS VIDA manifestándonos en diferentes formas. SOMOS LA CONSCIENCIA CREADORA CONSCIENTE... Somos la Mente Despertando y descubriéndose a sí Misma.

El proceso para llegar a Aceptar esto, requiere que soltemos todos los personajes que nos hemos inventado. Requiere que soltemos todas las creencias que nos han sostenido como personas. Soltar todo aquello que tanto trabajo nos costó lograrlo.

Del Superar pasamos al Trascender. Pueden ir paralelos, lo importante es que la lucha por superar retos, por superarnos a nosotros mismos es parte de este proceso de Entendimiento. Un atleta se supera a sí mismo y después descubre que no fueron suficientes sus éxitos y logros. Siente que le falta algo que todavía no logró. Quizás entonces decida trabajar en su Interior.

DE ADENTRO HACIA FUERA

La Trascendencia sucede desde adentro... Se Trasciende una limitación física, una enfermedad, una situación de abandono. Cualquier forma de Liberación es siempre Interior. Aunque no se supere la limitación o la enfermedad.

La Trascendencia sucede Adentro. SUPERAR la LIMITACIÓN es un acto de esfuerzo y valor interno. TRASCENDERLA es Soltar, Aceptar, Entender... Humilde y Amorosamente, que no necesito superar nada externo... lo he logrado Internamente. Esa es la ENTREGA VERDADERA... Cuando PERMITIMOS que la DIVINIDAD se haga cargo.

EL ESPÍRITU SANTO

Escuchamos sobre el Espíritu Santo desde que tenemos memoria. En realidad para la mayoría (el Símbolo de la Paz) se fue convirtiendo en una imagen representada por una palomita blanca. Lo relacionamos con la Trilogía Padre—Hijo—Espíritu Santo. En mi caso personal tengo la influencia del Catolicismo así es que mi Entendimiento sobre lo que realmente es, el Espíritu Santo se fue Revelando con el Curso.

En mi Taller "ILUMINANDO EL LADO OSCURO DEL CORAZÓN" lo presentamos como el Mensajero entre el Padre y el Hijo. Eso es porque vivimos en esta tercera dimensión donde los símbolos, las palabras, los conceptos, son necesarios para podernos comunicar... Sólo que esa misma forma nos ha separado desde la tan perpetuada Torre de Babel.

RECORDAMOS muy pronto cuando nos comunicamos con el lenguaje del AMOR. Desde ese lugar todo se revela y se hace nítido. El Espíritu Santo es ESA PARTE DE TI que nunca se contaminó con la Ilusión.

Cuando el Curso nos invita a pedir Guía al Espíritu Santo, no es otra cosa que acceder a NUESTRA DIVINIDAD y escuchar LO QUE TIENE QUE DECIR. Algunos de nosotros pedimos Guía al Espíritu Santo, otros a Jesús, a la Luz, a la Divinidad. Es irrelevante, son sólo palabras y símbolos. Lo Único Verdaderamente Importante es que ESA CONEXIÓN EXISTE. ESA CONEXIÓN ES REAL.

EL ÁNGEL QUE HABITA EN TI

Dependiendo de la cultura, la religión, el momento y el lugar donde nacemos, se nos hace más difícil ACEPTAR NUESTRA DIVINIDAD.

Como raza humana nos hemos maltratado, culpado, castigado y condenado de todas las formas y maneras. Lo continuamos haciendo hoy. En ese tema podemos desglosar miles y miles de horrores que cometemos con nosotros mismos. Sólo que esa realidad está muriendo cada minuto más... Es un mundo de cadáveres atrapados en odios, resentimientos, avaricia, gula, degeneración, muerte, violencia...

El que estudiemos Un Curso de Milagros no significa que ignoremos esa realidad. Sólo que hemos Entendido que SOMOS PENSAMIENTO CREADOR y hemos decidido poner toda nuestra atención, y nuestra Energía, en fortalecer LA NUEVA TIERRA que está naciendo. Deja de alimentar a tus miedos y se morirán de hambre.

Es casi una herejía, sólo plantearnos que somos Inocentes, Santos, Puros, que somos Ángeles encarnados en esta ilusión. El sueño nos atrapó en un nivel de conciencia primitivo, básico... Desde allí nos reconocemos sólo como cuerpos, vulnerables, necesitados, víctimas de esta historia que nosotros mismos hemos inventado.

El ÁNGEL QUE HABITA EN TI continúa ahí. Sólo espera que lo RECONOZCAS y comiences a vivir desde ESA VERDAD. La palabra 'Ángel' al igual que 'Espíritu Santo', es sólo un simbolismo de NUESTRA DIVINIDAD. Significa la Pureza, la Sabiduría, el Amor. Significa Nuestra ESENCIA DIVINA. Atrevernos a Reconocernos como Divinidad nos da mucho miedo... El miedo impide que retires los velos que no te permiten VER el AMOR QUE SOMOS.

EN EL CENTRO DE TU CORAZÓN COMIENZA LA VIDA

* "El Más Santo Lugar de la Tierra.

Es aquel donde un viejo odio se ha convertido en Amor" *

UCDM

ESE punto de contacto donde se une la ENERGÍA y la materia, en ese punto de contacto llamado Corazón... sentimos a Dios. Se nos va llevando de la mano a través del pálpito de nuestro corazón. Comenzamos a respetar sus claros mensajes... Tengo Paz, o no tengo Paz. Así de simple, así de fácil.

Una vez que he trascendido mis creencias y programaciones, comienzo a SER el OBSERVADOR de mí mismo. Comienzo a Entender la Importancia de Observarme. Es ESE momento cuando se desdobla la CONSCIENCIA y se hace CONSCIENTE de SER...

Descubrimos entonces que el Mensaje se recibe a través del Corazón. SE HACE SENTIR con Un Mensaje claro y contundente. Allí en nuestro Corazón está TODO. Comienza la Coherencia. DESCUBRO La Coherencia entre lo que Pienso y Siento... Me voy haciendo a un lado.

Entonces... apenas en ESE momento... me atrevo a dejar de... pensar. Y comienzo a atreverme a... Sentir. Poco a poco voy tomando CONFIANZA en el pálpito de mi corazón. Comienzo a Amar el Silencio… para Escuchar la Voz del Amor.

Vivir Consciente de Dios en Mí, es un acto de Total Entrega. En este camino vamos como peregrinos. Un día sin darnos cuenta dejamos de pedir y comenzamos a Agradecer. Un día sin darnos cuenta dejamos de juzgar y elegimos Ser Felices. Un día sin darnos cuenta soltamos, alguna relación tóxica o alguna adicción, que no nos permitía ser Libres y Felices.

Un día comenzamos a vivir de manera más simple, dejamos de complicarnos y soltamos las posturas sólo para SER. Un día nos atrevemos a escuchar al Corazón. Y nos atrevemos a SER FELICES. Cuando Elegimos de acuerdo al pálpito de nuestro Corazón NOS UNIFICAMOS.

"Ábrete Corazón", mi Cd, está dedicado especialmente al Corazón. Mi trabajo diario va directo al Corazón. UCDM no es para entenderlo con la mente lineal. Está más allá de todo concepto, forma, religión o creencia. Es por eso que pronto nos damos cuenta que está escrito con palabras porque, en este plano, es necesario usar palabras y formas para "comunicarnos". Sin embargo, rápidamente descubrimos que todas están dirigidas al corazón.

* "Este curso no pretende enseñarte lo que es el AMOR porque eso está más allá de lo que se puede ENSEÑAR" * UCDM

No podemos enseñar lo que ya SOMOS... UCDM es para vivenciar el AMOR. Para llevarlo al corazón y sentirlo, en lo más profundo de nuestro SER. UCDM es mi amigo amoroso, que constantemente me recuerda que no es por ahí... Es mi GUÍA en todo momento. Abrirlo es siempre una maravillosa certeza. Me están oyendo... Siempre encuentras frente a ti el versículo Milagroso que te va a dar ESA GUÍA que estas pidiendo. Así es mi Experiencia en este Camino de regreso al AMOR.

LOS ESPEJOS

Soy la proyección de mi pensamiento, proyectada frente a mí. Digerir eso genera mucha resistencia. Hemos pasado la vida prefiriendo ver el error en el otro. El culpable es aquel y soy víctima de un mundo inhóspito. No es fácil romper con todo ese viejo cuento... y quedarnos sin nada. No es sencillo dejar de buscar donde refugiarnos para que alguien nos consuele... No es fácil soltar el dolor. Hemos vivido sintiéndonos vivos gracias al dolor. Hemos vivido confundiendo el dolor con el amor. De esa manera hemos andado por este mundo raro... pero lo hemos visto tan normal... que ahora salir de esa "zona de confort" donde creo que estoy bien porque no he conocido algo diferente... se convierte en una Odisea!

¡Ahhh! ¿Cómo es eso de que... tengo que soltar? ¡¿Renunciar a mirar como culpable al otro?! ¡¿Y aquel que me hizo tal cosa?!! Y... yo me río... ¿cuántas veces hemos estado ahí? ... Des-hacer ES UN PROCESO GRADUAL.

El Curso es práctico y nos ayuda a ver muy pronto los resultados de nuestros cambios... ES VIVENCIAL... Sólo te pide que pongas en práctica lo que vas Entendiendo... y por ti mismo veas el Milagro sucediendo frente a ti. Nosotros no hacemos Milagros... Permitimos que sucedan. Eres UN hacedor de Milagros en la medida en que Entregas.

Cuando apenas comenzamos a Entender lo que ES el Espíritu Santo, lo reconocemos en nosotros, pero ¡no en el otro!! Nos reímos hasta las lágrimas, cada vez que alguien del grupo comparte esa parte de su proceso...

— Yo tengo al E.S. en mí... ¡pero el otro es un HP!! (RISAS)

Todos nos divertimos mientras Despertamos. Es el juego de la vida, es el juego de navegar en el mar de las posibilidades infinitas y descubrir que sólo vamos a llegar remando... Los dos remos son, el Amor y el Humor. Vivir Jugando. Vinimos a reírnos y a ¡Ser Felices! NO NOS GUSTA el hecho de que... el otro es mi espejo.

"¡Hemos vivido muy cómodos culpando al vecino de mis males y ahora no estoy dispuesto a CAMBIAR eso por algo tan descabellado!" ¿¿Cómo es eso de que el otro es mi espejo!?

CUESTA UNIFICAR... Hemos vivido dividiendo, separando, conceptuando y todos los 'ando'... para que un día UCDM me diga que... "¡Está bien!!!" Que "tienes razón..." y que "siempre que quieras puedes continuar empujando, para demostrar que tienes razón". O puedes elegir ¡SER FELIZ!

LA FELICIDAD NO ES ALGO EXTERNO A MÍ, NO DEPENDE DE LO QUE TENGO O HAGO... Es una Elección... Una decisión... YO ELIJO SER FELIZ.

Este proceso es gradual, como cuando estamos enfocando el lente de una cámara... Poco a poco, vamos poniendo el paisaje en foco y se va revelando LA SILUETA, se va haciendo nítida, hasta que tomamos la fotografía.

Un día sin darnos cuenta ya, vivimos en el Pensamiento de Dios. Si nos atrapamos en algún pensamiento diferente, nos perdonamos automáticamente y volvemos al Pensamiento Original. EL HIJO DE DIOS ES INOCENTE. Todo lo demás es demencial.

Vivimos UN Instante Santo cuando aceptamos que SOMOS EL HIJO DE DIOS. En ESE Instante perdemos el miedo a mirarnos al espejo. Amorosamente nos vamos reflejando en cada una de nuestras Relaciones. Aprendemos de ellas. Crecemos con ellas. La Relación SANTA es el único objetivo de relacionarnos. Tu Relación Santa es Vertical. ES TUYA CON LA DIVINIDAD.

Luego la extiendes a tu hermano en forma horizontal. Igual que el Milagro y la Revelación.

CÓMO LLEGÓ UCDM A MI VIDA

El objetivo de las Relaciones es vernos a nosotros mismos. "Si nacemos y crecemos en una selva, difícilmente podríamos saber cómo somos". Físicamente es imposible vernos a nosotros mismos a menos que tengamos un espejo, que nos devuelva esa imagen de quien soy. En el plano Espiritual es exactamente igual... Tus relaciones reflejan cómo eres. Tus relaciones reflejan tus pensamientos... Si tienes relaciones complicadas y llenas de conflictos, eres tú el que tiene un mundo complicado y conflictivo dentro de ti.

En la medida que vamos DESPERTANDO y saliendo del mundo de las ilusiones, comenzamos a ver el Milagroso Cambio en nuestro entorno. Algunas amistades se alejan, otras las dejamos de frecuentar, la historia vieja comienza a morirse para dar paso a otra historia más amorosa y amable. Una de las Milagrosas manifestaciones de esta Única Verdad la he vivido muy de cerca.

* Mi hija es una mujer maravillosa. Un ser humano lleno de virtudes y valores que me permiten Amarla con todo mi Corazón. La Amé de la misma manera, desde que supe que estaba en mi vientre. Le di todo mi Amor, mi tiempo y

dedicación a lo largo de nuestras vidas. Sólo que no supe cómo darlo. Me imagino que le demostraba mi amor de formas equivocadas. Seguramente copia de mis padres, familiares y cultura. Es así como funcionamos en el mundo de la percepción horizontal.

* Somos Luz Pura. Amorosa Consciencia.*

SOMOS MARIONETAS DE LAS PROGRAMACIONES... He lamentado muchas veces, haberme equivocado... Fui severa unas veces, otras sumamente permisiva, no supe manejar la situación. ¡Nadie me enseñó cómo ser madre y menos padre!! ¡Ahhh... de terror!!

Gisselle tenía 9 años cuando llegamos a este país, huyendo de una historia de abusos, machismo, violencia y alcohol... Desde ese momento fui padre y madre de mis dos hijos, hasta el día de hoy. Me hice cargo con todas las consecuencias económicas que arrastró mi divorcio. Fue prácticamente un S.O.S. O, perdía mi vida. Mi odisea en este país ¡tiene historias increíbles! Suficientes como para llenar un par de libros. Mmmm... Pero no es esa la intención de este libro.

Mi Historia es Una Más en el Mar de la Vida...

Mi hija vivió el dolor de toda esa debacle emocional. Fueron días muy difíciles y confusos. A medida que crecía mi niña hermosa, crecían también sus miedos, sus carencias afectivas, sus resentimientos. Acostumbrada a tener toda mi atención las

24 horas, de pronto UN tsunami se llevó TODA su realidad…

Y se encontró solita, en una casa llena de sombras del pasado y tenebrosas siluetas hacia el futuro. En un mundo nuevo, con un idioma diferente, diferentes costumbres, otro planeta…

ME GUSTARÍA DECIRTE HOY que… lamento profundamente que hayamos vivido esos momentos… Mi ausencia fue necesaria para producir el sustento de mi familia. No sé cómo logré salir adelante… con pocos recursos. Trabajé duro por lograr lo antes posible "aquella estabilidad económica"… "Estabilidad" que tenía en mi país.

Le pedí a mi princesa que luchara conmigo… que me apoyara en cuidar a su hermanito. Puse una responsabilidad muy grande en sus pequeños hombros…

— Lo Siento. Perdóname. Gracias. Te Amo.

LA CHICA QUE VINO CONMIGO ERA MAESTRA y la traje como soporte para el cuidado de mis hijos… Se regresó en pocos meses a su país de origen. Hoy miro con asombro MI GRAN EQUIVOCACIÓN… Fue un pedido injusto.

Mi universo en aquel momento estuvo lleno de incógnitas (¿?) Infinita confusión… Confusión, limitación, miedo… Veía un callejón oscuro y al final una LUZ… Le pedí a Gisselle que por favor me apoyara en el cuidado de su hermanito, mientras yo regresaba de trabajar. "Hoy sé que le pedí demasiado a esa niña que intentaba ser la mejor y más maravillosa de todas las hijas".

Cuántas veces me he reprochado el haber manejado las cosas de aquella manera. Cuantos días y noches he llorado sintiéndome culpable de no haberle dado una mejor vida, en su temprana adolescencia.

Comenzamos a tener choques. Yo, trabajando, me preparaba y estudiaba con total pasión e intensidad, para llegar a ser escritora internacional de cine y tv.

Les había prometido lograrlo y demostrarles un día que sí... que ¡sí podíamos ver ese sueño hecho realidad!!! Y con el tiempo ¡LO VIMOS... y lo celebramos! SENTIMOS que AL FIN habíamos TOCADO El Cielo y las Estrellas. Sólo que... en el intento de lograr el reto, perdí...

Perdí HERMOSOS MOMENTOS de compartir con ellos, momentos que jamás volverán. Muchas horas sin mi presencia... sin mi atención, sin la dedicación amorosa de esa madre que tiene el tiempo... para Amarlos... ¡Jugar juntos!! Reírnos por las noches sin ningún miedo.

Perdí MUCHO TIEMPO creando una plataforma económica...

Cuánto me gustaría RETROCEDER EL TIEMPO y desde aquel lugar tan oscuro en mi corazón... decir ¡Gracias! ¡Gracias!! ¡Gracias!!! Porque todo fue absolutamente como tenía que ser... Porque todo es perfecto como ES.

SI PUDIESE RETROCEDER EL TIEMPO

Si pudiese retroceder el tiempo y… sólo Amarlos como sé HACERLO HOY. Decirles lo mucho que los he AMADO. En mi obsesión por darles lo mejor y demostrarles lo fuerte y capaz que era su madre, me quedó PENDIENTE lo que más necesitaban en aquel momento… Mi dulzura, mi comprensión, mi entrega amorosa. Me perdono por eso. Me Perdono y me Amo. Lo Siento. Perdón. Gracias. Te Amo.

Quisiera haberles regalado ¡más momentos felices! Más risas y menos llanto… Me hubiese gustado REGALARLES más risas ¡Más alegría! Menos severidad y más Entrega en las manos del Creador… GISSELLE Y BERNARD. Me Perdono… Fue Perfecto como fue… Lo Siento. Perdón. Gracias. Los Amo.

Gisselle… Un día, a los diecisiete años, se fue de casa… Llegué del canal de TV, de realizar tres entrevistas y al llegar a casa ella no estaba… Al principio pensé que era una de sus manipulaciones, para que le diera de nuevo su auto. (Se lo había quitado por llegar tarde a casa). Luego fui entendiendo que su ausencia, sin ninguna señal de vida, era cierta.

Casi pierdo la cordura con esa experiencia tan dolorosa. No sé cómo viví, trabajé y cuidé a mi hijo pequeño, en todo ese tiempo que duró su ausencia.

Ése ES el momento que llega UCDM a mi vida.

La desesperación me obligó a buscar... Busqué en el Budismo, el Hinduismo, busqué TANTO y TANTO... Necesitaba una Respuesta... ¿POR QUÉ? ¿Por qué todo aquel arrastre en medio de la tormenta? ¿Por qué inestabilidad, ausencias, silencios y soledad? ¿Por qué tanto dolor? Nadie me respondía... No encontré una respuesta en el mundo... Nadie supo decirme la razón.

AL MISMO TIEMPO sosteniendo LA CUERDA FLOJA del mundo ahí afuera. La guerra de las televisoras, las políticas, los protocolos y todo aquel sartén candente de complicación humana... Desgaste físico y mental al intentar controlar algo... Todo ese esfuerzo insoportable para lograr mi sueño... EL SUEÑO IMPUESTO.

Y así... Una VIDA que hemos recorrido JUNTAS... entre olas y mareas altas, tormentas y tsunamis. Lo hemos vivido todo. Mi compañera de Vida... Mi Ángel Guardián y Maestro.

La conclusión de ese capítulo de mi historia es que ha pasado el tiempo y hoy mi hija y yo Somos Compañeras de batalla. Amigas del Alma. Cómplices en la risa y la ternura.

NO INTENTAMOS RECUPERAR EL TIEMPO PERDIDO PORQUE NADA SE PERDIÓ... VALORAMOS MUCHO MÁS EL INSTANTE SANTO. Nos escapamos cada vez que es posible ¡para compartir juntas días maravillosos! NO PERDIMOS NADA... TODO SUCEDIÓ EXACTAMENTE

COMO TENÍA QUE SUCEDER... Hoy recogemos los frutos de HABER TRASCENDIDO EL MIEDO Y EL DOLOR... Hemos DESPERTADO AL AMOR. Vivimos en el Perdón la OPORTUNIDAD de AMARNOS y SER FELICES... ¡Amén!!

Así vamos todos... de subida y de bajada... Como dice mi adorada amiga Belarmina con su distintivo humor "la vida es un cachumbambé".

Los CAMBIOS SON La Única CONSTANTE. Todo Está CAMBIANDO Instantánea y Constantemente. NO SOMOS LOS MISMOS QUE CUANDO LLEGAMOS.

LA NO RESISTENCIA A LO QUE ES = FELICIDAD

No es que no nos sintamos afectados por cada "CAMBIO"... Es la elección que hacemos de cómo nos afecta cada cambio. Es la decisión de elegir la Aceptación. No existe posibilidad alguna de que haya sucedido de diferente manera. Todo es Perfecto como sucede. ¡ACEPTAR LO QUE ES!

ACEPTACIÓN = PAZ = FELICIDAD

Si acepto lo que ES, me UNO a la CONSCIENCIA CREADORA... Me UNO a la FUERZA CREADORA... Al AMOR. Fluyo con la VIDA como se me presenta... Vivo los CAMBIOS como LECCIONES Y BENDICIONES... ASUMO mis ERRORES y me PERDONO. NO teníamos CONCIENCIA para hacer una Elección DIFERENTE... Sin CONSCIENCIA, NO existe posibilidad de Elección... Nos hacemos

CONSCIENTES que SOMOS CONSCIENCIA EVOLUCIONANDO. Y hacemos UNA Nueva ELECCIÓN.

Elegimos HACERNOS RESPONSABLES... Entonces, vamos PROFUNDO a nuestro Corazón. LA VERDAD por encima de TODAS LAS VERDADES es INEFABLE... Sólo se SIENTE... "SOMOS Únicamente AMOR"... "LA SALIDA ES HACIA ADENTRO"... SOY tal como DIOS ME CREÓ... SOY EL SANTO HIJO DE DIOS.

EL PASADO NO EXISTE. NUNCA NOS SUCEDIÓ NADA EN EL PASADO... TODO SUCEDE EN PRESENTE.

Centrándome en el PRESENTE, en el HOY, estoy DESPIERTO. Observando lo que sucede y PERMITIENDO que SUCEDA sin PONER RESISTENCIA. ACEPTAR lo que ES... es el paso DEFINITIVO para COMENZAR a VIVIR en PAZ. VIVIR en PAZ... es haber encontrado La FELICIDAD. La PAZ Es El ÚNICO CAMINO hacia LA FELICIDAD. Busca tu Paz y todo se pondrá en su lugar.

No podemos SER FELICES si estamos atrapados en nuestros miedos. UCDM nos ofrece la SALIDA de ese mundo que hemos inventado donde habita el ego, con todas sus dolorosas consecuencias. En el nivel de conciencia horizontal no es posible encontrar la felicidad... allí sólo habita la separación, la competencia, la rivalidad, la escasez, la pérdida, el dolor, la frustración, la ira, el resentimiento... Y todo sólo tiene una raíz... El miedo.

EL INFIERNO

El infierno no es un lugar... Los seres humanos hemos vivido el infierno agónico del miedo a perder... A perder la fortuna económica si la tenemos, el miedo a no lograr tenerla si no la tenemos... El miedo a no tener una pareja, el miedo a perderla si existe. Es una eterna agonía, en la que todo nos asusta y lo vemos como problema. El infierno es mental... Un estado de Conciencia.

A medida que vamos avanzando en el CURSO comenzamos a vivir de otra manera... Más relajados, más flexibles a los rompimientos de relaciones, a los supuestos fracasos en algún negocio. VAMOS DEJANDO ATRÁS A LA VÍCTIMA Y A LOS VICTIMARIOS.

Descubrimos que sólo existen voluntarios... Y nos vamos haciendo un nuevo hábito... el de mirar más allá de la forma y CONFIAR en que detrás de esa forma existe algo mejor. Una enseñanza, una Bendición. A medida que nos atrevemos a aceptar... la Visión se va aclarando. Todo adopta otra forma, todo adquiere un sentido y se REVELA el Milagro.

De ese momento en adelante soltamos para siempre la vieja película, dejamos de ser todo aquello que no somos.

ACEPTAMOS con profunda Humildad que no sabemos nada y nos hacemos a un lado para PERMITIR a UNO que SE manifieste.

CO-CREAMOS un mundo nuevo donde no existe espacio para el miedo, porque nuestro corazón está repleto de Amor. Poco a poco... se van disipando las nubes negras, se abre un Cielo Azul con un Sol radiante, aunque esté lloviendo torrencialmente. Porque el Cielo tampoco es un lugar... Es un estado de Consciencia en el que elijo vivir.

* "Sé un reflejo de la Paz de Dios en la Tierra y llevarás esta Tierra al Cielo"* UCDM

LAS CRISIS

Albert Einstein dijo... "La Crisis es un regalo. Para un pueblo, para un país o para una persona. La crisis siempre es un regalo".

La crisis nos permite despertar, trascender, evolucionar mejorar, crear mejores versiones de nosotros mismos. Es un alumbramiento como cuando nace un bebé. El dolor del parto nos lleva a una nueva vida.

Nos parimos a nosotros mismos y nos trascendemos. Somos capaces de desarrollar expresiones nuevas de creatividad, si aprendemos de las crisis y le sacamos el mejor provecho. El ejemplo de Japón o cualquier otro país, que de sus cenizas se ha levantado para Crear un mundo mejor.

Hemos venido a traer la Luz al mundo. A iluminar el camino para que todos Despertemos y nos demos cuenta de que la oscuridad no existe. Sólo la Luz es REAL.

Hemos venido a Amar y a Entregar al Espíritu Santo. Tú sólo Ama y el Espíritu Santo se Encarga de la Sanación del mundo.

NUESTROS PODERES

Yo propongo que en todos los colegios del mundo se permita al niño manifestarse y desarrollar su Capacidad Creativa, antes de llenarlos de tanta información. Lo Único importante es que se hagan Conscientes de sus dones y poderes. Que le demos la Oportunidad de Unirse a SU Fuente. Que el miedo a la soledad no exista en su corazones, para que Vivan con la Certeza del Amor que Cuida de ellos. Los Niños Sabios serán la Luz de mañana.

Propongo mostrarles desde bebés a los recién llegados, que el camino ya está hecho, que existe un Guía que los conducirá siempre. Un Guía Amoroso que les habla a sus corazones. Permitirles con el Mayor Respeto a seguir su Intuición. TODO ESO permitiría transformar esta pesadilla, en un sueño amoroso que los conducirá a Nuestro Verdadero Hogar.

Como seres humanos se nos han regalado muchos Poderes... El de reír, cantar, soñar, hablar, el poder de Crear, el poder de Elegir. Somos naturalmente Creadores. Es nuestra Herencia

Divina. Cada pensamiento que acepto como mío tiene un Poder Creador. Cada elección que hago crea una historia diferente...

Si no somos conscientes de ese poder creador, lo usaremos indiscriminadamente, sin darnos cuenta del caos que fabricamos en cada elección inconsciente. Cada elección que hago desde el ego, genera caos y sus consecuencias siguen generando centrífugas de caos. No tenemos idea de hasta dónde pueden llegar las consecuencias de cada elección, hecha desde el miedo.

CAUSA Y EFECTO es una Ley Universal que nunca se detiene. Lo haces mal, te sale mal. Lo haces bien, te sale bien. Es como sembrar peras y pretender recoger manzanas. Todo lo que piensas en contra de tu hermano regresa a ti. No está en la acción el problema, está en el pensamiento. La acción es una consecuencia de lo que piensas.

UCDM dice... * SÓLO TUS PENSAMIENTOS PUEDEN HERIRTE *

EL PODER CREADOR DEL PENSAMIENTO NOS PERTENECE. ES NUESTRA HERENCIA UNIVERSAL. Cada pensamiento palabra y obra dejará SU huella a tu paso por la vida. ¿Caminaste sembrando odios, tristezas y miedos? ¿O elegiste SER PORTADOR del AMOR y la VERDAD sembrando a tu paso semillas de Paz? SOMOS JARDINEROS DE PAZ.

SEMBRADORES DE SEMILLAS DE AMOR EN ESTE PLANETA AZUL.

No importa si fabricas zapatos, manejas un trasatlántico, eres un astronauta o vendes libros detrás de un mostrador. TODOS VINIMOS A CUMPLIR NUESTRA FUNCIÓN: AMAR Y PERDONAR. Hagas lo que hagas es irrelevante, es parte del juego de la ilusión. Lo importante es hacerlo desde el Amor. Prestar Servicio, Amar y Perdonar es nuestra Única Función. CUANDO LO HACES, ERES FELIZ.

EL SILENCIO HABLA

UCDM dice... "Que se acalle en mí toda voz que no sea la de Dios".

12. Las sombrías voces no alteran las leyes del tiempo ni las de la eternidad. 2Proceden de lo que ya pasó y dejó de existir, y no suponen ningún obstáculo para la verdadera existencia del aquí y del ahora. 3El mundo real es la contrapartida a la alucinación de que el tiempo y la muerte son reales, y de que tienen una existen¬cia que puede ser percibida. 4Esta terrible ilusión fue negada en el mismo lapso de tiempo que Dios tardó en responder a ella para siempre y en toda circunstancia. 5Y entonces desapareció y dejó de experimentarse como algo que estaba ahí.

14. Perdona el pasado y olvídate de él, pues ya pasó. 2Ya no te encuentras en el espacio que hay entre los dos mundos. 3Has seguido adelante y has llegado hasta el mundo que yace ante las puertas del Cielo. 4Nada se opone a la Voluntad de Dios ni hay necesidad de que repitas una jornada que hace mucho que con-cluyó. 5Mira a tu hermano dulcemente, y contempla el mundo donde la percepción de tu odio ha sido transformada en un mun-do de amor. (TEXTO 26.V.12, 14)

A lo largo de este camino con el Curso vamos llevando a la práctica lo que vamos Entendiendo... Al principio cuesta descifrar el nuevo lenguaje... Es un lenguaje nuevo que nos pone a pensar...Algunos se retiran muy pronto.... Otros van y vienen... El rechazo puede ser inmediato... O tardarse un tiempo...

La voz del ego que ya conocemos, eleva el tono para que no podamos escuchar la Verdad. ¡Estamos tan acostumbrados a esas mil voces... que nos vuelven locos!!! Pero si el mundo está loco ¿qué otra salida? Es lo único conocido que tenemos hasta que llega... UN MOMENTO en que DECIDIMOS ESCUCHAR esa NUEVA VOZ que me dice que sólo haga SILENCIO...

Ssshhh... Sólo te pide que Hagas Silencio... UCDM no nos pide nada... Absolutamente nada más que... Una gota de voluntad.... Y... Silencio.

El miedo se aferra fuertemente en esa etapa del proceso. Unos retrocederemos y otros continuaremos adelante... atreviéndonos a bajar el tono de esas mil voces solamente para escuchar...

Ssshhh... Sólo haciendo silencio es posible escuchar la Voz del AMOR DE DIOS. Al principio apagamos los ruidos externos... Los celulares, los electrónicos, las llamadas, las fiestas, las reuniones banales. Todo aquello que antes nos distraía, ahora comienza a tornarse casi insoportable... Quizás juzguemos inicialmente. Luego vamos calmando el juez acusador y comenzamos a ACEPTAR que todo aquello es producto de nuestra propia proyección... Pasamos por mil confusiones, miedos, resistencia a escuchar esa Otra Voz de la que nos habla el Curso... Muchas preguntas similares he escuchado en este camino...

Ahhh y... ¿cómo sé yo cuándo es la Voz del Espíritu Santo la que me habla?

EL SILENCIO ES SAGRADO / EN EL SILENCIO ESTÁ DIOS

Comenzamos a aceptar el hecho que... No sabemos nada. ¡Nada de nada! Que todo este camino de arrogante Ignorancia lo hemos transitado absoluta y totalmente dormidos... El entenderlo a nivel intelectual abre una nueva senda.

Ese Otro camino que nos lleva al Conocimiento se nos muestra amoroso, generoso y paciente. Aunque nos luce como un camino de renuncias, seguimos adelante aceptando y confiando que, detrás de toda esta dolorosa confusión, se nos ha ofrecido la Paz y la Verdadera Libertad. AL PRINCIPIO NO LO CREEMOS, nos rebelamos y sentimos que retrocedemos... Todo eso es natural.

Aceptar que no habíamos detenido nunca el avión... sólo para Recapacitar sobre algo tan vital... ¿Cuál es mi Verdadera Función de estar aquí? VOLVEMOS A AQUELLA PREGUNTA que tantas veces nos hicimos de niños... cuando naturalmente Nuestra Conexión Divina estaba Limpia de programaciones, experiencias y creencias inoculadas en nuestras mentes.

Un día decidimos dar media vuelta y CAMBIAR ese rumbo totalmente equivocado... Descubrimos que en ese camino jamás obtendremos RESPUESTAS. Entonces... Elevamos nuestro Nivel de Entendimiento y comenzamos esa búsqueda. Indagamos en las profundidades de todo lo que se ha escrito sobre nuestra Existencia Humana... Física Cuántica. Geometría Sagrada... PARAMAHANSA YOGANANDA... KRISHNAMURTI... URANTIA... La Doctrina Secreta... Leemos, investigamos y nos apasionamos con ese Otro Mundo en el que ni siquiera habíamos reparado... NADA REAL PUEDE SER AMENZADO.

HACER SILENCIO ES UN MILAGRO. Ese proceso, para mí, fue Amorosamente enriquecedor. Llegó acompañado de cambios, sinsabores... aceptaciones, renuncias... En UCDM encontré Otro sendero y elegí tomar ese camino porque Cambié EL RUMBO... Un Nuevo rumbo...

Una vez que trascendemos ese paso llega la Etapa de REAFIRMAR. El CURSO comienza a dejar de parecer una nueva creencia... Se va Revelando Milagrosamente ante nuestra atónita mirada... Y de repente lo vemos TODO tan claro... Estar solo no es... ESTAR SOLO... Estar solo es la Oportunidad que se nos da de ENCONTRARNOS A NOSOTROS MISMOS... No importa cuántas vueltas demos, cuántas vidas... En algún momento llegarás a esa encrucijada nuevamente, hasta que elijas el Otro Camino...

UCDM / Introducción "* Este es un curso obligatorio. En el momento en que decidas tomarlo es voluntario*"

El Curso es VIVENCIAL... Lo llevamos a nuestro diario vivir, de esa forma nuestra percepción comienza a moverse de lugar y... pasamos... por encima de nuestros miedos... trascendemos servilismos, confundidos con amor, abandonamos relaciones tóxicas que ya no deseamos más en nuestras vidas y vamos soltando el peso de la culpa en ese peregrinar... Seguimos adelante… Una Fuerza Amorosa nos va llevando… Queremos saber qué sucede al otro lado…

"POR ENCIMA DE TODO QUIERO VER"… es una de las lecciones más contundentes… Te invita a soltar… soltar, soltar y hacer SILENCIO.

Bonito, Sanador, Milagroso… Cuando al fin comenzamos nuestro viaje Interior, de una u otra manera nos generamos las condiciones para estar más tiempo con nosotros mismos… Una vez que ACEPTAMOS que EL HIJO DE DIOS ES INOCENTE perdemos el miedo a mirarnos a nosotros mismos… Ese proceso es dulce porque trabajamos con EL PERDÓN.

COMENZAMOS por entender de qué trata el Perdón del que habla UCDM… Y casi sin darnos cuenta, sin hacer ningún esfuerzo, NOS VAMOS PERDONANDO… Soltamos y nos vamos sintiendo más livianos.

Todo lo hacemos igual, pero más DESPIERTOS… Es Maravilloso recordar que PUEDO ELEGIR DE NUEVO… Y elijo LA PAZ.

¡Ahhh! Eso es absolutamente Liberador y Amoroso. Nos quita mucho peso de nuestras vidas. ¿Cómo sé que estoy adelantando con este Curso? Porque voy sintiendo Paz… Nadie te lo dice, nadie trata de convencerte de ser feliz… Es algo tuyo.

Es TU VOZ la que quieres escuchar... Eliges atreverte al Silencio y... ¡la escuchas!! La ESCUCHAS tan CLARA... Sin UN SÓLO SONIDO. Te lo dice TODO a través de tu Corazón... EL CORAZÓN. Ese punto de contacto donde se une la Energía y la Materia...

* GREGG BRADEN tiene cientos de videos que muestran a través de la Física Cuántica esa Verdad UNIVERSAL que él llama COHERENCIA GLOBAL. Yo le llamo PSICOSFERA... Carl Jung la denomina SUBCONSCIENTE COLECTIVO.

De nuevo... ¿Qué importancia tiene como le llamemos?... Es lo mismo... Es el pensamiento micro (DE CADA UNO) al pensamiento macro (DE TODOS).

Ese PENSAMIENTO ES El Poder Creador... Y se manifiesta en el plano físico... Es un Espejismo. Como aquello que, cuando niños, nos contaban historias del desierto... Es un Oasis en el desierto... Está ahí afuera... Es nuestro espejo... Es el espejo de cada país... ciudad... continente...

Nosotros fabricamos esta historia... Y tenemos el Poder de deshacer esta realidad... Podemos transformarla en una Realidad Superior... CAMBIANDO nuestro Pensamiento. ALINEANDO NUESTRA MENTE Y NUESTRO CORAZÓN.

COHERENCIA GLOBAL... El Poder del CORAZÓN en el "CAMBIO" de PARADIGMA... Consciencia de Entendimiento.

EVOLUCIÓN CONSCIENTE... Vamos DESPERTANDO. ESO ES... Es la Mente Creadora de la que nos habla el Curso. UCDM no está sujeto a interpretaciones, está más allá de toda forma, creencia, religión o filosofía... UCDM ES.

UN ESTILO DE VIDA

Podemos llevarlo como un Manual Práctico del Diario Vivir... Es Un Curso De Milagros... Y al igual que cualquier ENSEÑANZA, CONOCIMIENTO... es vital llevarlo a la práctica. Día a Día VIVIMOS en el INSTANTE SANTO.

Es un Estilo de Vida Consciente en el que disfrutamos el proceso, viviendo en el Agradecimiento, en la Mejor Versión del Hijo del Hombre.

El enfoque del Troglodita, el Hombre de Neandertal, el Yeti o Abominable Hombre de las Nieves (Jigou para los tibetanos del Himalaya), no es otra cosa que el sueño colectivo que compartimos... En el sueño también Evolucionamos...

Elegimos sueños Amorosos que nos recuerdan Nuestra Herencia Divina. Elegimos Vibrar en Amor. Amándolo Todo. Perdonándolo Todo. Bendiciéndolo Todo.

En la escala de Evolución Humana HOY APARECE EL HOMBRE LUZ. Gráficamente Representado.

Viviremos CO-CREANDO CONSCIENTEMENTE Un Mundo Compasivo, Amoroso, Generoso, Dulce y Bendecido. Al

HACERNOS CONSCIENTES nuestra vida adquiere UN Sentido Elevado en esta Existencia Terrenal.

Somos… Consciencia Creadora… Consciente… manifestada en millones de yo… El yo que tiene nombre, sexo, costumbres, creencias, miedos… Y en el que trasciende todo eso, para SER. Nos Fundimos con la Divinidad que nos Pertenece y Sumamos en El Plan Mayor. Todo lo demás es demencia.

EL UNIVERSO ES UN CREADOR DE TOROIDES…

"Un Toroide es como la respiración del Universo, es la forma que toma la corriente de energía en cualquier nivel de existencia". (Nassim Haramein). Es un vórtice de energía en forma de anillo o espiral, en el cual la energía da vueltas constantemente, de dentro hacia afuera, en un movimiento sin fin.

EL TOROIDE ES INFINITO… Toroides infinitos con diferentes dimensiones… Grandes como las galaxias y microscópicos como las nano moléculas… SE SOSTIENE EN SU PROPIA Centrífuga CENTRAL… Todo lo creado está basado en esa figura Geométrica que nos lleva a la Geometría Sagrada… El Eje de Todo… Produce SU PROPIA Energía…

LA FLOR DE LA VIDA.

Es infinita la información que existe sobre este tema…

El libro "El Secreto Ancestral de la Flor de la Vida", de Drunvalo Mechelzidek, es impecable sobre este asunto.

* Recomiendo el Documental denominado "THRIVE (documental)

LA ENERGÍA TOROIDAL LA ENERGÍA DE LO ETERNO".

Estamos tejiendo Un SUEÑO del Universo donde somos Libres... ¡Verdaderamente Libres! SOMOS AMOR. EL Amor ES LIBRE, VAPOROSO, DULCE Y MILAGROSO. ¡LA REVELACIÓN ES EL REGALO!!

LA REVELACIÓN VIENE DE DIOS

En clase utilizamos el ejemplo del carro rojo... Tu visión es según donde pongas el foco... * Si hoy vas a comprar un auto rojo...

— ¿Qué ves cuando vas al concesionario?

— Muchos carros rojos...

— Y ayer no los viste... ¿No estaban allí?

— Sí, sólo que no estaba atento a los autos rojos...

* VES TODO AQUELLO EN LO QUE PONES TU ATENCIÓN*

Al desenfocarnos de lo negativo, desconectándonos de los noticieros, sustituimos pensamientos negativos por pensamientos amorosos.

Ho'oponopono... significa "corregir un error" o "hacer lo correcto". Es una técnica de limpieza proveniente de la antigua cultura hawaiana, la cual pone el foco en nuestra propia mente, como generadora de las circunstancias que nos toca vivir, ayudando a transformarlas en condiciones positivas, eliminando todo lo malo que nos hace daño.

Recomiendo el libro "Ho'oponopono y Las Constelaciones Familiares" de Ulrich Emil Dupree.

Al Utilizar todas las Herramientas que nos da el Curso, con sus Lecciones Diarias... al volvernos pescadores de las "Buenas Noticias", nos sumamos a la Consciencia Creadora para poner toda la Fuerza en el AMOR... El mal no se combate... se diluye al retirarle nuestra energía... Deja de alimentar tus miedos y morirán de hambre... Extinguir la ignorancia, apagar al ego es un asunto de AMOR.

Se nos va facilitando el cambio de paradigma... Trascendemos el tiempo, el espacio en una sola Verdad, por encima de todas las verdades. SOMOS AMOR, SOMOS PAZ. La Paz de Dios. La Paz de Dios es Amor.

Una de las alumnas del Curso olvidó sus libros... Hoy, al salir, se los dejé en la entrada... De regreso encontré un Regalito... *Envuelto en una bolsita de papel artesanal*... Al abrirla me encontré con un precioso baúl en miniatura, de madera de pino. Una artesanía muy hermosa y delicada... En el fondo, un pequeño librito hecho de papel orgánico, un manual de palabras... "AMOR, AGRADECIMIENTO, COMPASIÓN, PERDÓN, PAZ"... Debajo del librito, varias piedritas de río. Cada una lleva un escrito en tinta negra con las mismas palabras: "AMOR, AGRADECIMIENTO, COMPASIÓN, PERDÓN, PAZ"... Me maravillé con tanta ternura. Este Regalo es Una Revelación... Viene directamente del Plano Celestial... Corresponde a Causa y Efecto.

* Planificando los ejercicios y juegos que tendremos durante el Crucero, les pedí a todos aportar sus ideas *

Ingrid dejó en mi puerta el JUEGO Simbólico que usaremos en "UN CRUCERO DE MILAGROS"... Este jueves ella nos explica cómo se juega... Cada participante de este Ejercicio va a APORTAR compartiendo una Experiencia de Elevada Vibración... El objetivo es hacer la travesía lo más DESPIERTOS posible... Estar atentos durante toda la travesía... Acciones que vamos a vivenciar a lo largo del paseo... Experiencias Individuales que luego traeremos a la mesa, en las noches de cena compartida... Todo va llegando y se va poniendo en su lugar cuando siento Paz.

Cambiamos NUESTRA Frecuencia Vibracional en la medida en que nos Despertamos. SOMOS CONSCIENTES que al CAMBIAR NUESTRA FRECUENCIA CAMBIA EL SUEÑO... Seguimos soñando, conscientes que estamos soñando y transformamos ese sueño no muy grato... en un sueño amoroso que nos conduce de vuelta a Nuestro Verdadero Hogar... El Proceso es imposible de evitar... Es la Vida... El punto es cómo vivimos EL PROCESO...

¿Amándolo u odiándolo? ... Es nuestra Elección. ¿Cómo puedo poner mi Fe en el miedo y no en el Amor? ... si... SOY Amor. ¿Cómo puedo poner mi Fe en el caos y no en el Milagro? ... si... SOY El Milagro.

LA FE ESTÁ EN TI... No se trata de si tenemos o no tenemos Fe... Está en nosotros de forma natural... Siempre está ahí junto a la Consciencia... Es... dónde la sitúas... la ubicas en el Milagro o en el caos. ¿¡Cómo no ponerla en el Milagro si Vivo en el Milagro!? Si... ¡SOY EL MILAGRO!

UN INSTANTE SANTO me regala algo tan claro, obvio, sencillo, simple... ¿Cómo es que no lo había pensado antes? En realidad a cualquier nivel que lo entendamos, al mirarme al espejo veo El Milagro frente a Mí.

DEJAR DE BUSCAR AFUERA

Una vez que hemos decidido el Otro Camino... No hay vuelta atrás.

CONTINUAMOS el camino, poniendo en práctica cada frase... cada versículo, cada lección. Nuestra clase semanal es UNIFICADORA... Vivenciamos La UNIDAD. Ponemos en práctica lo que nos dice el libro. SOLTAMOS nuestras posturas rígidas y vamos transformándonos en flexibles como el bambú, huecos para permitir el pensamiento de Dios... Es una danza que nos va envolviendo, elevando a Otro Nivel de Consciencia.

* En algún momento de la evolución humana, moríamos de miedo por no saber si el Sol saldría al día siguiente* El miedo es ancestral... intrínseco en nuestra genética original.

Pero no somos nuestro cuerpo. El cuerpo en sí, es neutro. SOMOS MENTE CREADORA... Siempre estamos creando... En cada pensamiento, emoción, acción, estamos utilizando el Poder Creador... Es imposible no usarlo... Sólo que cuando utilizamos ESE PODER, de forma inconsciente, estamos fabricando caos... En el momento en que tomo Consciencia de que SOY MENTE CREADORA comienzo a ser CO-CREADOR DEL CIELO EN LA TIERRA.

DEJAMOS AL PERSONAJE POR AHÍ... tirado en algún rincón de nuestros laberintos oscuros. Comenzamos a observarnos... Pasamos de la víctima al Observador, aquel que observa y no participa del teatro que hemos fabricado. "Las dimensiones de tu drama son directamente proporcionales al tamaño de nuestro ego".

Nuestra Voz Interna comienza a Guiarnos, nos va llevando dulce y amorosamente. Nuestro DESPERTAR, con la ayuda del Espíritu Santo, es Milagroso. Vamos dejando de sentirnos solos.

Comenzamos a Amar el Silencio. El miedo es cada momento más pequeño y la Voz toma SU VERDADERA DIMENSIÓN. Amorosa y dulcemente vamos pasando del miedo al Amor.

ENSEÑANDO LO QUE QUIERO APRENDER... UCDM

Las clases semanales nos permiten retomar, reconocer, reafirmar que al fin hemos llegado a ese lugar que tanto estuvimos buscando afuera... El soporte, Emocional y Energético, suma en el proceso diario del CAMBIO EN PERCEPCIÓN. Podemos elegir cualquiera de los 50 PRINCIPIOS del Curso.

El Primer capítulo "EL SIGNIFICADO DE LOS MILAGROS" comienza con ellos... Todos hermosos.

Uno de mis preferidos es el 12. "Los Milagros son Pensamientos. 2 Los pensamientos pueden representar el nivel inferior o corporal de experiencia, o el nivel superior o espiritual de experiencia. 3 Uno de ellos da lugar a lo físico, el otro a lo espiritual".

Todos y cada uno de los Principios de los Milagros nos regalan un dulce sabor en el corazón. Si fundimos cada principio para sacar UNO, sería...*EL MILAGRO ES EL CAMBIO EN PERCEPCIÓN*

Es el Cambio en TU MIRADA... ES MUDARNOS A LA MIRADA DEL AMOR. El Hijo de Dios es Inocente.

5 CAPITULO CINCO

La Liberación

ESCRIBIR GUIADO ES LA LIBERACIÓN

A lo largo de mi vida en Estados Unidos he seguido una disciplina de estudio y trabajo arduos. Los escritores somos como obreros de las letras.

Crear fábulas para los canales de TV es un trabajo estructurado. Minuciosamente sistematizado. Es fabricar un edificio con cálculos geométricos, con estructuras que entren en el formato que exige esa cadena. Todo según el target (objetivo, personas, meta a la que se dirige una acción) que se persigue.

Años dedicados a estudiar y producir con éxito esa estructura... Cada capítulo debe contener un tanto por ciento de violencia, tanto de sexo, tanto de acción, tanto de drama, tanto de...

Y así sucesivamente, nos muestran cómo debe ser la maquinaria de producir dinero a través del famoso rating (índice de audiencia de programas de televisión o radio).

Para que pueda ser considerado un capítulo de rating con el clímax (punto de mayor intensidad y complejidad en una historia o situación, particularmente en obras literarias y musicales) correspondiente en cada final...

O sea… o sea… o sea…

Fueron años de gran aprendizaje en el mundo horizontal. Agotadora la agónica pelea contra el sistema, el mensaje, el objetivo… luchando contra un mundo raro que no terminaba de encajar en mi Ser.

* Mi proyecto de utilizar la TV como un puente entre la pantalla y el observador, intentando llevar suave y subliminalmente un Mensaje de Consciencia en cada personaje… Eso, estuvo reñido con las exigencias de los Medios. Aciertos en mi carrera, sí efectivamente, algunos pequeños "ACIERTOS"…

Digamos que mi carrera de escritora la defendí con pasión, llevando "exitosamente" varias novelas a la pantalla.

EL GRAN PLAGIO

El "Gran Plagio" desde mi Ser… sería Callar la Verdad y Negar mi Luz.

* "Yo Soy La Luz del mundo" * UCDM

(Un Intervalo)

UN POCO DE MI HISTORIA PERSONAL (1991)

* ANA DE NEGRO * RTI COLOMBIA. 218 Capítulos. Sistema NTSC. Color. Realizada en 1991. Mi primera telenovela… Mi segundo gran reto. Viviendo sola en EE.UU., a pesar del miedo, el cansancio, los sinsabores...

Con la Fuerza de Dios continuaba trabajando apasionadamente en mi gran reto: ser una escritora internacional para el cine y la televisión. Escribí la "HISTORIA DE ANA" cuando aún era muy joven. Comenzaba mi camino en el mundo de las letras creando Fábulas para el Mundo. Escribí a solas... cada palabra, cada personaje, cada mensaje... La luché noche a noche durante tres intensos y extensos años. Mezclando mis sueños con mis desvelos y paralelamente con tres trabajos... para lograr educar a mis pequeños hijos.

Mi SUEÑO de CUMPLIR la PROMESA que les HACÍA a DIARIO:

— Voy a ser una gran escritora...

"Ana de Negro" fue un acierto internacional que nació en Colombia. Fue un Gran ÉXITO hispanoamericano... Un logro superlativo en varios niveles...

A nivel de novela rosa, "LA HISTORIA DE ANA", planteada en la década de los 60s-70s recorrió Latinoamérica llevando un Mensaje contundente para mí. "ANA DE NEGRO" fue... CONCEBIRME a Mí MISMA en aquel momento de mi Vida. No hablar de 'ANA' sería NEGARME a mí MISMA y eso jamás lo haré... 'ANA' Es Mi Hija... Nadie lo puede negar. Mis derechos de autor regresaron a mí después de 10 años.

ANA DE NEGRO regresó al Baúl de mis Sueños Realizados, sólo en espera de Su MOMENTO para llevarla a LA GRAN PANTALLA.

"ANA" cumplió su Misión. Marcó UN tiempo... Una Reflexión sobre el Amor. Su Mensaje llegó...

La dejé reposar, saboreando la Miel del Logro y mientras escribía "AMOR DEL BUENO" para Univisión, pedía Guía...

El Momento indicado para el Regreso a Casa de "ANA DE NEGRO", llegaría... Un Lanzamiento Mundial, a través de mi Representante Internacional. "Sin prisa y sin pausa", como las estrellas...

El UNIVERSO me indicaría EL MOMENTO de llevar a "ANA" por el mundo... Al fin estaría comenzando a Recoger el Fruto de mi Siembra de Vida, dejando un Legado de Amor y entregándola como una Herencia de Orgullo a mis hijos y nietos (regalías, franquicias, royalties...)

Te invito a conocer más en https://es.wikipedia.org/wiki/Ana_de_Negro

De pronto, aparece por NETFLIX una serie famosa a nivel mundial: "V"

Una producción fabulosa, planteada "casualmente "en aquella época de los 60s... 'La historia de Ana', al igual que mi historia... poco a poco mi corazón iba latiendo diferente... sentí que se detenía... Creí que estaba sufriendo un infarto.

Es ella mi niña amada... Ana Hernández hija de María Hernández, "la costurera"... ¡No lo podía creer! ¡Tenía que estar soñando!! Es mi historia maquillada de otra historia.

Casi muero al ver... a... Ana... convertida en una niña huérfana de madre... Literalmente ¡sentí una lanza en mi corazón! Ana... Mi Ana, es el HOMENAJE A LA MADRE LATINOAMERICANA. La madre de Ana juega un papel vital en mi historia.

* Si la "causalidad" les permitiera algún día leer este libro a los "AUTORES" de "V"...

... Solamente quiero recordarles que... que entre Cielo y Tierra nada queda oculto...* Elegí el camino de la Paz y no reclamar judicialmente lo que es mío. Elegí mi Paz... El tiempo lineal es muy breve y no voy usar Mi gota de Vida para agonizar en "tribunales", debatiendo Mi Verdad en el laberíntico mundo de las leyes de los hombres... No voy a desgastarme en "reclamar" lo que Me pertenece.

EN UN PRIMER IMPULSO hablé con mi Representante y le escribí detalladamente todas las pruebas de porqué "Ana de Negro" se "transformó en "V"... Abogados especializados en el tema de Derechos de Autor para ¡reclamar mi Autoría! Busqué abogados especialistas en esa materia... No obstante al final, en una Meditación pidiendo Guía, supe que ese no era mi camino... Ya no vivo en esa "realidad" irreal de la que habla UCDM. Nada irreal existe.

* "La percepción es una elección no un hecho" * UCDM

Me atrapé perdiendo mi Paz... Comencé a vivir en un estado de desaliento. Perdí el RUMBO y los LATIDOS de mi Corazón me hablaron en todo momento. Cada día mi Paz se iba desvaneciendo, dejándome en un estado de tristeza y desánimo... Eso que se llama miedo... ya lo conocí una vez.
* Estado de Separación del Ser *... Mi VOZ interior me estaba avisando... La Lección de nuevo... La Lección te la repiten cuantas veces sea necesario.
Entonces Recordé... la situación podía verse de muchas formas... Las mil formas de interpretación, como humanos existimos en este mundo loco... Así es que Elegí de Nuevo... ¡Elegí la Paz!
UCDM II Somos responsables de lo que vemos. Cap. 21. Pg. 500
3Soy el responsable de lo que veo. 4Elijo los sentimientos que experimento y decido el objetivo que quiero alcanzar. 5Y todo lo que parezca sucederme yo mismo lo he pedido, y se me concede tal como lo pedí.

EL RESPETO ES UNA PERCEPCIÓN SAGRADA

"Ana de Negro" es un tema muy delicado. No he tenido la intención de tocarlo en este libro... ... ... Al final ya lo tengo superado.

No obstante, haciendo una revisión final de este libro, entré en Mí para elegir... para elegir de nuevo si tocar el tema o no... Y recordé a Gary Zukav en su magnífico libro "EL LUGAR DEL ALMA". "El respeto es una percepción Sagrada".

Puedo Perdonar y recurrir al olvido... Amnesia + Amnistía = AMOR.

Pero sería un irrespeto hacia mí misma ocultar esa parte de mi historia... No es posible callar mi historia... NO podría verme al espejo.

ESA Inspiración Divina, me llegó del Cielo. No obstante alguien la robó... desfigurando Su Esencia... Sin ningún recato, ni respeto... Esa Fábula Mágica y Milagrosa sigue siendo mía... Ana es mi hija. Yo la parí. Ella sigue viva... Algún día, las personas querrán descubrir cómo es en REALIDAD... ANA... "LA ORIGINAL"... "Ana de Negro" nació para llevar un Mensaje de Amor al mundo... Y allí sigue de pie con su Verdad en cada latido de mi corazón. "Ana de Negro" regresa 20 años después vestida de negro... no de blanco. Ana concibe una niña, no un varón... Ana Es Única, porque llegó del Cielo.

Y no existe producción millonaria que pueda opacar el brillo de "La Mirada del Amor" que nos entrega "Ana de Negro"... Al menos respetaron su nombre Original... Ya sería demasiada mutilación... ... ¿Quién eres? UN SER DE LUZ que aún camina por el mundo... completamente dormido. Alguien que aún... no sabe lo que hace. Capaz de tomar lo que no es suyo. ¿Qué importa tu nombre? Yo te perdono... "perdónalo Señor... no sabe lo que hace".

EL MONÓLOGO INTERIOR

En un principio perdí mi centro... El mundo comenzó a darme vueltas... incrédula, en shock, dolida... Comencé por averiguar la trayectoria de los "escritores". Indagando sobre ellos y la producción, dediqué muchas horas y días en largas jornadas de investigación con mi Representante Internacional. (En aquel momento estábamos por hacer una negociación para llevar a "Ana de Negro" nuevamente a la pantalla)... Otra vez la pesadilla de una dolorosa pérdida.

Recuerdo que a solas en mi casa, gritaba...

— ¡Es mi Inspiración!

Vino cada noche... ¡ES MI HIJA, NADIE PUEDE ARREBATARME A MI HIJA!! ¡Ella es parte de mí!! ... ¿Cómo pueden cercenar al personaje más importante de mi historia? ...

de esa manera tan ¡brutal! ¿Cómo pueden mostrar mi historia, con otro nombre y mucho maquillaje...???

A eso en el mundo terrenal se le llama Plagio... Mi monólogo interior era como un remolino sin fondo... lloré a mares... Revisé el Baúl de mis Escritos Originales... y lo cubrí de lágrimas. Volví al pasado... ¡Me habían desgarrado el vientre, robándose a mi hija Ana! Con ese nivel de intensidad volvía a vivir las contracciones de mi parto. ¡Mi hija nació! ¡Todo el mundo pudo maravillarse con ella! No puedo permitir que ¡me la arrebaten! ¡Ana! ¡Ana! ... Así entré en el remolino descendente del Melodrama Universal en el que vivimos. ¡La Telenovela Cuántica!!

EN MI REALIDAD HORIZONTAL

Me encontré un día, de la noche a la mañana, sumergida en un mar de sufrimiento, dolor y frustración... Esa espiral descendente que te va arrastrando hacia el abismo... Le permites al ego entrar nuevamente a "comandarte".

Fue necesario aceptarlo y sumergirme en ese remolino de sentimientos y sensaciones, alterando totalmente mi BALANCE INTERIOR... Me sacó completamente de mi centro. Aceptar el dolor como parte de mi proceso de Despertar... Retomando cada paso de Ana. Volví a su historia... Repasé mi libreto entre la lectura de los capítulos apilados dentro de mi

Baúl de mimbre… en la pantalla de mi computador reviviendo escena por escena…

* A la Madre de Ana ¡la substituyen por un tío! * Nadie tuvo el respeto de preguntarme… Nadie me preguntó… si estaría bien para mí, que parí a ANA. Le desaparecieron a su madre… ¿? Sacaron una versión desfigurada, DISTORSIONADA… absolutamente INSULTANTE para mi Ser INTERNO. 'Ana' envuelve un MENSAJE a un nivel muy elevado, el personaje de María… la madre en mi historia "es la Reivindicación de la mujer en LA NUEVA TIERRA que nacía en aquel tiempo"… etc.… etc.… MATARON a María y mutilaron a Ana… ¿¡Con qué derecho!!??

La Producción… ¡Magnífica! ¡Apoteósica! CIENTOS DE MILLONES seguramente danzan en el Gran Universo de la Pantalla… ¡DANZANDO ENTRE EL GRAN MUNDO DE LAS REDES Y LA TELEVISIÓN!! Esa exitosa serie es una producción ambiciosa que ha llenado de felicidad y bienestar a muchísimas personas.

En mi realidad HORIZONTAL… Alguien se enamoró de mi historia, la transformó en un PLAGIO muy bien MAQUILLADO y me la arrebató de un manotazo.

A eso se le llama de un sinnúmero de formas… Ese sería el razonamiento de alguien que defiende su "derecho"… Ese sería mi razonamiento en mi realidad horizontal.

En mi REALIDAD VERTICAL... El Universo se encarga de Dar y Recibir... Yo le Entregué al Universo MI Regalo... Nadie me ha quitado nada... He regalado lo que tengo para dar al Universo... Y estoy feliz, por cada persona que se ha beneficiado de esta gran producción. Aquella gota de Iluminación que me regaló El Universo al escribir "La Historia de Ana"... (Que es Mí PROPIA HISTORIA)... Se la entrego Nuevamente a la Divinidad.

El UNIVERSO Se Encarga... Ana la Original ya está escrita, ha estado en la pantalla de miles de hogares por décadas... y nada ni nadie la puede CAMBIAR... Alejandro Benavides le Regala a Ana una estrella... Y ese Momento Santo, sigue siendo Único e Inédito como el Corazón de Ana. ¡ES SU HUELLA DIGITAL!

* Con una facilidad asombrosa... como fabuladora de fábulas, creo un personaje inolvidable y luego lo dejo libre, para que en algún momento, sea él quien hable y se manifieste, sin que yo pueda intervenir. Es como... darle el Soplo de Vida. El Milagroso Aliento. ES darle la fuerza para llegar a SER. Esa ES la Medida del Amor del escritor al crear a sus personajes... Un soplo de Vida.

ANA ES UN personaje que trasciende y... lleva al mundo el Milagroso Aliento. Es algo de Profundo Respeto. Ana es un Alma Única Irrepetible.

AGRADECER Y BENDECIR

¡Gracias!! Por remover cimientos del dolor en mis entrañas. Gracias porque volví al mundo del dolor… Regresé al laberinto profundo… Me metí en el tiempo pasado… sólo que esta vez… esta vez logré… logré Trascenderlo… Logré Cambiar el FRACTAL de mi Existencia… ¡Salí a la Luz! SANAR MI CORAZÓN ES… AMAR.

SOY AMOR… "Se me llenan los ojos de llanto, cuando Alejandro… bajo la luz de la luna… le muestra a Ana su Estrella en el cielo… Su Regalo de Amor eterno.

ME ENTERNECE ESCUCHAR en la pantalla la Voz de ANA… Agradecida de ese Regalo del Cielo, ANA, en su Pureza…

— Alejandro… Te voy a Amar por toda la vida… Y después… te amaré desde allí, donde está mi estrella… Desde allí te amaré… te amaré por toda la Eternidad.

GRACIAS por obligarme a superar el dolor, trascenderlo y transmutarlo en Amor… ¡Gracias!

* "El más santo lugar sobre la tierra.

Es donde un viejo odio se ha vuelto Amor"* UCDM

— Lo SIENTO. Perdón. Gracias. Te Amo.

— ¡Gracias! Este Perdón me ha regalado mi propia Trascendencia. Lo Siento. Perdón. Te Amo. ¡Gracias!

No importa cuál es el juego que jugamos haciendo nuestra Función. Hagamos lo que hagamos… nuestra Función es Amar, Perdonar y Servir.

O sea, jugar conscientes de que… este vehículo se nos ha regalado para DESPERTAR. El cuerpo y el tiempo son recursos de aprendizaje.

UCDM. YO SOY LA LUZ DEL MUNDO… Y es que en la medida que DESPERTAMOS extendemos ESE DESPERTAR… SOMOS PUENTES DE AMOR… Ocúpate Únicamente de llevar LA LUZ CONTIGO… Lo demás se Hace Solo.

6 CAPITULO SEIS

Es Hora De Despertar

No soy yo quien respira... No soy yo quien está a cargo de los latidos de mi Corazón... Ese Poder que no entiendo, existe y lo reconozco. Ese Poder que hace que una semilla se convierta en árbol y en fruto. Ese Poder que regenera mi tejido cuando tengo una herida... ESE PODER ES LA VIDA manifestándose. Es el Poder del que nos habla el Curso. Es la Voz. La Luz. el Amor. Está Conectado con Nuestro Corazón y se Manifiesta a través del cuerpo emocional. No pasa por el cerebro. Sólo se Siente.

La experiencia de escribir mi Experiencia Espiritual es totalmente diferente al trabajo de obrero de las letras. Escribo GUIADA. Absoluta y totalmente Guiada. No tengo la menor idea de que va a salir en la pantalla de mi computadora, mientras mis dedos se deslizan en el tablero... Es Una Conexión Directa. SE ESCRIBE SOLA.

Dejo el espacio-tiempo para sentarme a escribir. Tengo una agenda llena de clases, conferencias, terapias y talleres... Pero el Momento se Revela sin que yo tenga el control sobre ESO. Estoy Inspirada o no... Fluye Natural, es como si de repente se abre una puerta y se escribe... Yo no lo escribo... Se escribe sin pasarlo por el cerebro. Se escribe sin filtrarlo con ningún tipo de estructura o formato. Luego hago correcciones y edito. Pero es algo muy mecánico. Es simple corrección de palabras, comas y puntos.

En esta experiencia no necesito "pre ocuparme de nada". Absolutamente nada. Es un verdadero disfrute.

SE ESCRIBE SOLO Y YO SÓLO OBSERVO...

Cuando comienzo este libro hago una pequeña introducción sobre mi viaje a Florencia. Todavía no tengo digerida esa experiencia. Lo que Sí VOY TENIENDO CLARO es que... fue necesario llegar al otro lado del océano para Reafirmar mi Certeza de que estoy GUIADA.

La necesidad que tuve de Ser Guiada en ese viaje, rebasó cualquier duda sobre mi Certeza de que NUNCA estuve sola...

Hoy Sé que esa experiencia era el paso que faltaba para soltar cualquier residual de programación inconsciente, que todavía me produjese miedo. Escribir este libro como un dictado, sin permitir que mi ego interfiera... es un Regalo del Plano Celestial.

Lo Acepto con Humildad y hago de Puente a la Consciencia de Dios para que se manifieste. Pongo mi Mente al Servicio de la Divinidad.

No tengo un objetivo al escribirlo tampoco... Cuando sea su momento seguramente me comunicaré con alguna de la Editoriales que me han recomendado y dejaré que fluya... ESO me produce Paz. No soy yo quien respiro... No soy yo quien escribo. No soy yo quien elige qué hacer.

* "Dime qué quieres que haga, donde quieres que vaya, qué quieres que diga y a quién" * UCDM

El trabajo de ENTREGA es lo más hermoso que hacemos. Centenas de kilos de peso se van dejando en el viejo camino. La carga que no nos ha permitido volar se va haciendo más liviana. Soltar, soltar... Soltar la culpa, soltar el miedo, soltar... Y nos vamos atreviendo a soltar amarras... a elevar anclas y navegar en el mar de la vida. Navegar sin rumbo, permitiendo que nos lleve la marea... Fluir, fluir con la corriente y dejarnos llevar... Comenzamos a Elevar el Vuelo hacia Nuestro Verdadero Hogar.

LOS REMOS DEL AMOR Y EL HUMOR se hacen indispensables. Vamos retomando a Nuestro Niño Interior... y reímos más, nos tomamos las cosas más deportivamente. Nos vamos atreviendo a ser felices a pesar de la lluvia. A pesar del sol que me quema, del jefe que no me gusta, o del trabajo que me pesa... Vamos eligiendo de nuevo. Elegimos SER FELICES... Cada amanecer nos enfocamos en VER por encima de todo. La MONEDA SIEMPRE TIENE DOS CARAS... Es asunto de... en donde pones tu Fe.

LAS BANDAS VIBRACIONALES

Somos Consciencia Creadora que se va volviendo CONSCIENTE... En la medida en que Nos Reconocemos como UNO, vamos ELEVANDO nuestra vibración. LA CONSCIENCIA SE MANIFIESTA A Través DE LA Vibración. Una piedra tiene una vibración diferente a la del agua... pero TODO ES VIDA. Cuando nos manifestábamos a través de la forma, durante la era del Hombre de Neandertal (Homo Neanderthalensis) teníamos una vibración más densa que la que hoy tiene el hombre, quien se Reconoce como UN SER DE LUZ. (Lo digo en pasado aunque en realidad el pasado no existe porque todo sucede ahora). Pero es la mejor forma de explicarlo en los términos y creencias de esta forma de ver.

Hacernos conscientes de SER es la Única Función que tenemos. DESPERTAR DEL SUEÑO... Volver al Amor. Fundirnos con el TODO que es la NADA.

ESA CONSCIENCIA, A MEDIDA QUE SE HACE Consciente, ES más ELEVADA. *LAS BANDAS VIBRACIONALES DE LAS QUE HABLA Gary ZUCKAV *... Son iguales que las ondas de radio... Unos estamos en FM otros en AM, que son dos formas de modular la onda portadora de señales eléctricas...

Al final, TODOS PERTENECEMOS AL MISMO PROCESO DE DESPERTAR.

Quien elige la Banda Vibracional es el Pensamiento... En la medida que vamos despertando, vamos saliendo del infierno mental que se ha manifestado en nuestro plano físico... En la medida que vamos dejándole su ESPACIO AL PENSAMIENTO CREADOR, nuestra historia se va transformando... de una vida llena de víctimas y victimarios, donde estuve cambiando de roles por todo el camino... a una vida donde las cosas continúan sucediendo, pero la forma cambia.

CUANDO CAMBIAS TU FORMA DE VER EL MUNDO, EL MUNDO CAMBIA DE FORMA. Es así de simple, así de sencillo... ¡NO le demos más vueltas! Ya es hora de que este sueño de Planeta Azul se llene de flores y Nuestra Madre Tierra pueda al fin hacer su Milagrosa Transición a la CUARTA Dimensión, donde continuamos soñando...

Sólo siendo conscientes de que somos el soñador, podemos REGALARNOS CREACIONES AMOROSAS. Es el momento de dejar atrás la vieja Madre Tierra adolorida y abusada... Es hora que el "Tata Inti" (Padre Sol) cure sus heridas y bañe con su amor los campos verdes... repletos de flores y frutos... Es hora que cada hombre en este mundo lleve su MANTRA consigo... LO SIENTO, PERDÓNAME, GRACIAS, TE AMO... ES hora que NUESTRO Néctar SAGRADO DE VIDA (el Agua) recorra montañas y praderas, libre, puro y cristalino, limpio, puro e impecable como fue Creado... Es hora que APRENDAMOS del Reino Animal, que a cada instante nos regala enseñanzas de Amor que nos dejan ¡Atónitos! ¡Perplejos! Es hora que ¡Miremos el Amor que nos están enseñando!

SON NUESTROS MAESTROS DE AMOR

Koko, la gorila, famosa por comunicarse con los hombres mediante símbolos aprendidos y transmitir mensajes por medio de señas, nació un 4 de julio en 1971, en el zoológico de San Francisco, California. Un año después comenzó las clases de lenguaje de signos a cargo de la doctora Francine Patterson, apodada "Penny", llegando a reproducir más de 1.000 signos, entender más de 2.000 palabras en inglés y "chatear" con más de 10.000 personas. Koko falleció en 2018 a los 47 años...

Cada gatico con cada perro, ardilla... Cada león protegiendo a bebés gorilas... Perritos tratando de salvar un pez... Cada pajarito dándole de comer a un grupo de peces... Cada gigantesco león abrazando a la mujer que lo adoptó de bebé... Si nos ponemos a contar lo que hemos visto en los últimos tiempos sobre este tema ¡serían millones y millones de historias de Amor! que parecen ser ignoradas por los humanos, quienes todavía se aferran a esa vieja historia que se niega a morir.

NUESTROS MAESTROS ya despertaron y están aquí para ayudarnos a despertar de la pesadilla de odio, separación, conflicto y guerra. Ellos no necesitan hablar para dejarnos saber que continuamos en la Torre de Babel... Hablando lenguajes diferentes que ninguno entiende... aunque estén hablando el mismo idioma. Es hora de... ¡DESPERTAR!

Cada palabra tiene una vibración... La palabra es el efecto de lo que pensamos. Eso quiere decir que es el pensamiento el que Crea... El Reino Animal ha elevado su vibración mucho antes que nosotros...

En clase nos reímos mucho... cuando hablamos de este tema... Mi teoría es que... ellos DESPERTARON PRIMERO porque ¡no piensan! (RISAS). No tienen la cabeza llena de conceptos, creencias y programaciones. Sólo aman. Puede parecer un chiste, pero si lo pensamos detenidamente, quizá NO SEA TAN CHISTOSO.

Estamos evolucionando rápidamente sobre el maltrato animal y están sucediendo avances sobre el respeto a la vida de cada animal. Quizás muchas personas todavía no lo puedan ver... porque aún se mantienen enfocados con la vieja tierra, a través de las pantallas de televisión, los noticieros de las "malas noticias"... Pero es una maravillosa realidad la Nueva Tierra que está naciendo...

UNA NUEVA TIERRA ESTÁ NACIENDO

Es necesario darle toda nuestra Energía Creadora para que termine de parirse a sí misma. Es La Madre Tierra Libre, Sana, Amorosa y Sagrada... donde los niños pueden saltar y reír libres de tanta estupidez humana. Campos verdes repletos de Árboles sembrados desde el Cielo... Aviones que tiran Bombas de Vida que penetran en sus áridos y destruidos desiertos... cubriéndose de verdor y de vida. Así están las cosas...

Sucediendo cada Instante Santo. Dios es VIDA.

La muerte de la vieja tierra se está manifestando de manera tan clara y contundente, que a veces de mostrarse tan grotesca ¡pasa a ser una caricatura!!! Y es que el teatro de la vida también tiene diferentes formas de ser soñado... Cada quien elige su teatro y aparecen retratados como PAYASOS Demoníacos de UN CIRCO MACABRO. Algo que no es otra cosa que la negación del ego a morir. Esa vieja tierra va desapareciendo sin hacerle resistencia.

Es como la Luz y la oscuridad... Se REVELA y se TRANSMUTA a Sí MISMA... La Luz llega y suavemente se diluye lo que no era verdad. NO existe la oscuridad... Es solo falta de Luz.

Enfocándonos en el Amor y dando lo mejor de nosotros mismos a cada paso y en cada Instante... COLABORAMOS con

El Nacimiento de La Nueva Tierra... Ese el único objetivo de estar aquí... Observarlo todo a través de la Mirada del Amor.

LA TORMENTA

Acaba de comenzar una tormenta con truenos y relámpagos, mientras se escriben estas palabras... Digo... se escriben... porque... se escriben solas. En ningún momento he planificado de qué manera va a ser escrito este relato que comparto contigo... Me siento frente a mi computadora, sirvo un vaso de agua mineral y... entrego mis horas dedicadas a este trabajo y pido Guía.

¿Qué quieres que haga, qué quieres que diga y a quien...? Y... se va escribiendo... Es como un dictado... no existe absolutamente ninguna duda en... si... decir esto... o... aquello. Me limito únicamente a teclear, luego a retomar lo escrito, editarlo y hacer las correcciones gramaticales correspondientes.

Es Una EXPERIENCIA Única que no puedo explicar. Es INEFABLE, sólo se SIENTE. Es UNA Revelación y se vive en forma VERTICAL. Gracias Padre Celestial. Gracias Padre Universal.

CONEXIÓN DIVINA

Una vez que nos atrevemos a Retomar Conscientemente Nuestra Conexión Divina... Todo se va dejando atrás. Comenzamos a soltar el equipaje pesado que no nos ha permitido volar.

Caminando de la mano de UCDM comenzamos un trabajo de soltar, borrar, limpiar... El trabajo de DESPERTAR es eterno. Nunca estamos lo suficientemente DESPIERTOS como para abandonar el trabajo de soltar... Es para siempre. Es Una Forma de Vida a la que nos ENTREGAMOS...

A veces nos engañamos y creemos que hemos soltado suficientes miedos, pero no era así. Me correspondió un duro trabajo de soltar... soltar miedos escondidos que no tenía consciente. El viaje a Europa fue necesario para obligarme a soltar... soltar y vaciarme completamente de todo lo que quedaba de residual en mí.

EL VIAJE A EUROPA

Literalmente fue un parto... Fue parirme de nuevo a mí misma... Llegó un momento (sin saber cómo, ni de qué manera) en el que me encontré total y absolutamente sola... Sin conocer a nadie y sin reservación en ningún hotel al llegar a ITALIA.

* Contaba con Dios y con la guía de mi hija... quien me llevó desde Miami amorosamente de la mano, a través del celular. *

Sus Mensajes de Texto fueron señalándome el camino... Se volvió experta en investigar mi ruta de regreso... Milímetro a milímetro. Yo solamente seguía sus indicaciones, que llegaban a mi pequeño celular constantemente... Podríamos decir que "mis pertenencias importantes" se limitaron a una cartera de cintura, mi pasaporte americano y 2 tarjetas de crédito... Y algunos euros que logré cambiar en el lobby del Crucero, antes de bajar del barco.

La manera de regresar a América a través de aquel vuelo, desde Firenze, ha sido una de las lecciones de vida más intensas y desgastantes que he vivido... ¡Agotadora! Tuve que soltar el equipaje, trascender miedos que aún quedaban por allí escondidos y sobre todo, REAFIRMAR que mi Fe me conduciría de regreso. Viví la certeza minuto a minuto que...

No estaba sola...

Supe que NOS estaban Guiando en todo momento. MI HIJA Y YO FUIMOS Guiadas a través del Amor. El Amor de Gisselle me trajo de vuelta a... Mi Verdadero Hogar. Aquella tormentosa pesadilla fue difícil de superar, de Trascender...

¡Cuántas vivencias en ese peregrinar!!

¡Cuánta Enseñanza, cuántos Milagros, cuántas Reafirmaciones! ... Todavía no termino de digerir esa experiencia que llegó totalmente inesperada a mi vida. Sólo puedo darme cuenta de que todo lo vivido fue para reafirmar Esa Verdad con la que he coexistido tantos años. Una vez más... puedo decirte que...

SOMOS ÚNICAMENTE AMOR

El Milagro está sucediendo frente a nosotros constantemente. Si abrimos los ojos podemos verlo... ¡Ahhh! ¡Cuántos Regalos! Los regalos a veces llegan ¡sin envoltura! Sin darnos cuenta caemos en la confusión y el miedo nos enceguece. Las grandes extensiones de agua sin retorno... la ilusión de estar separada por miles de millas en horas de vuelo... la distancia... en el plano terrenal (en esta realidad inventada) lucía difícil de superarla exitosamente... No fui preparada para vivir esa experiencia. Me confié en otras personas y se me escapó de las manos. Fue una gran lección. Todo eso lo viví... Todo eso lo "sufrí"... Es parte del sueño del que tenía que despertar...

DESPERTAR ES ESTAR PRESENTE

Estar presente requiere disciplina... Cambiar un patrón de pensamiento por otro requiere dedicación. Todo lo que deseamos lograr en cualquier plano, requiere de Perseverancia. El Crecer Espiritualmente es una decisión que tomamos en algún momento, a lo largo del camino... El peregrinar continúa, sólo que vamos eligiendo hacerlo por senderos amorosos, dulces y sanadores. Conscientes de que continuamos soñando, asumimos la Responsabilidad de... Crear Pensamientos de Amor y manifestarlos a lo largo del Camino...

* Esto es un camino que se llama vida...
La Vida es un Flash de Luz y Milagros *

SOMOS SEMBRADORES DE SEMILLAS DE AMOR... Es Ése el jardín que estamos sembrando... ¡Hortalizas! ¡Verduras! ¡Peras, manzanas! ... JARDINES DE PAZ CON SEMILLAS DE AMOR. Eso somos: jardineros. ¿Qué tienes para sembrar? ¿Cuáles son las semillas que viniste a sembrar? Pensamos que estamos despiertos cuando todavía permanecemos profundamente dormidos.

REGALOS ENVUELTOS

Los regalos también vienen envueltos con papel de seda ¡de muchos colores! Sí, anoche recibí un Regalo con todos los colores del Arcoíris. UCDM para niños entra al Museo de San Felipe, en Venezuela... Los niños recibiendo la Semilla del Amor en sus corazones. Es un Regalo Celestial. Patricia Entregando al Orden Divino su Trabajo con los niños. Y aparece esa belleza de oportunidad que se manifiesta en el plano físico y puedo verlo manifestándose ¡en todos los Museos de Venezuela! Amén.

Mis lágrimas de alegría son incontenibles... Un Instante Santo... y recordé a mi amigo Ali... Apareció por ahí ¡Ali!! ¡Ali!! ¡Siii... es Ali! La idea vino como una Revelación... Le escribí a mi amigo Ali, contándole la buena nueva y pidiéndole que nos invitara al Museo de Arte Acarigua-Araure (MAAA), una institución de arte sin fines de lucro en Acarigua, Venezuela, donde se exhibe arte contemporáneo local e internacional. (Ali es su fundador)... Cinco minutos después... ¡Siiii!! ¡Dijo que sí! UCDM para niños estará en el MAAA también y comenzará a extenderse en cada Museo.

*"El Amor como La Obra De Arte de la Humanidad.
El Amor Sin Fronteras" * UCDM

LA FELICIDAD

La Felicidad es una elección que hacemos... Elegimos ser o no, felices... El secreto de vivir feliz aunque llueva o haga mucho Sol, es... Agradecer y Bendecir... Hacerlo de Corazón y Aceptar lo que ES. Cuando eres una Bendición andante, se abren todos los caminos... para tu Mayor Bien y el de Todos. Cuando nos Alineamos con el Amor... todo fluye naturalmente, todo se manifiesta en su Más Elevada Vibración... Ríos de agua cristalina... Senderos verde esperanza y Sembradíos de Amor... Así ES, Así LO CREAMOS. Amén.

Usar Nuestro Poder Creador Conscientes, es el Regalo Mayor. Gracias Padre Universal. No ser feliz es la negación de lo que ES. Nada es bueno ni malo. Todo ES. La interpretación que le damos a lo que sucede es la que nos genera el sufrimiento.

LOS SANTUARIOS DE ANIMALES

Como Regalo de esta mañana descubro varios videos de un lugar... SANTUARIO DE ANIMALES... ¿Cómo no maravillarme de los Regalos que nos están enviando?

Constantemente y para el que lo quiera ver, aparecen en nuestros celulares escenas increíbles de imaginar. La Hermandad y el Amor que existe en el reino Animal son para observar con profundo respeto los mensajes que nos están enviando. Un Santuario de animales sin distinciones de Especies... Son amados, protegidos y conviven en armonía como una amorosa Familia.

El hombre está DESPERTANDO con la ayuda del Reino Animal, nuestros Maestros de Amor... El Respeto a todos los seres vivos de este planeta va manifestándose más y más... Va desapareciendo el mundo de las matanzas. El abuso se hace más evidente y se expone a la luz. El maltrato es extremadamente evidente a través de los medios de comunicación. Y eso tan innegable, doloroso y obsceno ayuda, a su vez, a Crear Consciencia… Todo es válido y aprovechable para DESPERTAR.

Los Maestros de Amor nos encargamos de poner el foco en La Tierra Amorosa que está naciendo. Es Nuestra Función: poner el Foco en el Amor. Si ponemos el foco en la Verdad, esa Nueva Tierra se manifestará como una Pandemia de Amor por el Universo Entero. En esa REALIDAD AMOROSA, TODO Es Una OPORTUNIDAD… UNA HERRAMIENTA PARA DESPERTAR.

* Una nota Musical varias veces repetida crea Música.
Un pensamiento repetido varias veces Crea Milagros. *

LA SALIDA ES HACIA ADENTRO

Desde que comencé a escribir este libro… es la primera vez que regreso y leo algo de mi libro anterior… Después de mi Meditación, antes de comenzar a escribir, recordé… ¡Es el cumpleaños de mi primer nieto! ¡Ahhh! Cómo pasa el tiempo… ya son 23 años… Hoy quiero darle un regalo que conserve siempre… y pido Guía… Es mi Regalo de Cumple Vida… para ti Allen Cristopher… Tatatá…

* Hasta cuando tendré el Regalo de acompañarte por el sendero de las ilusiones… No tengo la menor idea… Eso forma parte de la ilusión… Lo Único IMPORTANTE es HOY. Hoy quiero

DARTE... Un Soplo de Vida a tu Corazón. Mi Amor ES por Siempre en la Eternidad... * Llegaste con tus pupilas de Cielo. Se hizo la Luz con tu risa. Nuestro 'baby blue' de Amor Puro, llegó para Enseñarnos y Bendecirnos.

ERES Un Hermoso SER DE LUZ... buscando entre las tinieblas La Verdad... Tatatá... La Verdad no se ha ido a ningún lugar. Está En Ti. En cada latido de tu Corazón. ACEPTA Y ENTREGA con Humildad el proceso que te corresponda experimentar, para llegar a ESA VERDAD... Ese proceso de vivencias son tuyas... exclusivamente tuyas, en tu trayecto por el túnel de las ilusiones... hasta tu DESPERTAR.

Tú eliges entre el Amor y el sufrimiento... es tu elección. EL AMOR ES LA VERDAD. LA CONSCIENCIA CREADORA manifestándose en cada uno de los sueños. Puedes cambiar tus pesadillas por sueños amorosos. Crear a LA NUEVA TIERRA y llegar a ESE Lugar que está dentro de tu Corazón.

Me gustaría que no dieras tantas vueltas... Los mareos son desagradables y no nos llevan a ningún lugar. Un día, de tanto peregrinar por este mundo raro, que no comprendes y te niegas a aceptar, dejarás de pelear... y... regresarás a TI en busca de TU AMOR.

Descubrirás que EL AMOR que tanto buscaste está EN TI. No está en ninguna persona o lugar. Un día Recordarás que nadie es culpable. TODO SUCEDE EN ORDEN DIVINO… sucedió y sucede como ES.

Mi Regalo es dejarte la Certeza de que muy pronto tomarás el SENDERO DE LA LUZ. Él te Guiará al AMOR en tu Corazón. Este es mi Regalo más allá del tiempo. Siembro en ti LA SEMILLA en el centro de tu Corazón. Allí florecerá en millones de primaveras. Allen… LA SALIDA ES HACIA ADENTRO y está en el Centro de tu Corazón. Esa Es La Única VERDAD.

SANAR SANANDO

De niña escuché alguna vez una frase parecida… 'Sumar Sumando'… ¡Sí! HOY la he CONVERTIDO en… SANAR SANANDO.

Es Sanar… Sanando. Yo me Sano y el mundo se Sana. Anoche mi segundo nieto, Allezzandro y yo, tuvimos una charla sobre Eso. El enfoque está en Sanarnos. El Trabajo es Personal. En clase siempre comparto aquello tan sencillo de entender y tan básico de hacer…

"SI NO TE SUMA… TE RESTA… Y SI TE RESTA, NO LO QUIERES EN TU VIDA"

Algo así… es parecido a la Enseñanza Superior: LO QUE NO VIENE DE DIOS, NO LO QUIERO EN MI VIDA. Para comenzar a Elegir, es básico darnos cuenta de lo que no me suma… A mis nietos les dije siempre…

— SI LO HACES MAL... TE SALE MAL

Simple... Sencillo... Siempre sabemos lo que no nos suma... Es algo Natural. Todo aquello que me quite Paz, me indica que no es por ahí. Comenzar a diferenciar conscientemente lo que acepto o no en mi vida, es también un proceso de disciplina y perseverancia... Elegimos el Otro camino... y ahí nos mantenemos pidiéndole al corazón que nos Guíe... Es en el corazón donde sentimos... es Un Lenguaje Único. Es el termómetro...

Siempre exhorto "Usa tu corazón de termómetro". Si tu mente y tu corazón no están alineados, el corazón te lo deja saber inmediatamente... De esa forma vamos pasando de la razón al Corazón.

Esa incoherencia entre lo que pensamos y sentimos se va diluyendo, como agua entre los dedos, cuando hemos Elegido el Amor. Es la Coherencia de la que habla Gregg Braden. Alinear en Armonía la Mente y el Corazón. Luego nos extendemos desde ahí... al mundo.

TU CONEXIÓN DIVINA / TU RELACIÓN SANTA

Desde el Capítulo 15 comienza el Curso a enfocarse en las Relaciones... LA RELACIÓN SANTA VS LA RELACIÓN ESPECIAL.

En principio se nos dice que Una pertenece al ego y la Otra al Espíritu Santo... Aunque todavía no tenemos ni la menor idea de... la diferencia. Es liberador descubrir que existe Otra Forma de Relacionarnos.

La Relación Santa comienza contigo y Tu Fuente. Tu Esencia, Tu Ser Superior. El nombre que le demos, la manera en cómo le llamamos pertenece a la forma... Todo Es lo Mismo. Tu Relación Santa es CONTIGO MISMO. Luego te relacionas desde AHÍ al mundo. Al ENTENDER que el Trabajo es Interno... Conmigo Mismo. Mi radio de Distracción se reduce considerablemente.

Amorosa y Obligatoriamente Comenzamos Nuestro Viaje hacia Dentro.

SOMOS UNIVERSOS CONSCIENTES DE SER
ES UN INSTANTE SANTO QUE COMPARTIMOS,
MARAVILLADOS DE QUE SE NOS REGALE ESTA
EXPERIENCIA. "La salida es hacia adentro"... HACIA
DENTRO. Es LLEGAR al Corazón y VIVIR desde Ahí.

NAVEGANDO EN EL MAR DE LA VIDA

Para navegar en el Mar de la Vida, de Infinitas posibilidades, usamos dos remos: EL AMOR y EL HUMOR.

Reírnos aumenta el Poder del Sistema Inmune. Sentirnos bien nos regala millones de posibilidades para elegir... En el plano de la ilusión jugamos en el bando de los infelices o los felices. El estado de ánimo tiene una vibración. Elevamos Nuestra Vibración y Conectamos con Bandas Vibracionales semejantes. La Ley de Atracción. Atraes aquello que piensas... Sobre la Ley de Atracción y cómo funciona existe literatura detallada. Al llevarla a la práctica, se convierte en un HÁBITO. Un nuevo hábito para substituir el espacio que deja el pensamiento de dolor, tristeza, ira, rabia, frustración, etc.

EL ENFOQUE INTERNO ES VITAL

El Curso nos dice constantemente y de mil maneras... El Amor y el miedo no pueden coexistir... El Amor lo abarca todo y aquello que todo lo abarca no puede tener opuesto... UCDM

El Amor es Omnipresente, Omnisciente. Todo lo abarca. "En un corazón lleno de Amor no existe espacio para el miedo".

O estamos afuera o estamos ADENTRO. En clase usamos el ejemplo de... O estas embarazada o no estás... El Cambio en Consciencia requiere dedicación. Toma de decisiones... Requiere hacer una Elección. Si la haces, comienza otra historia en tu vida. Lo de antes ya no te resuena, los temas a compartir con las amistades dejan de tener valor. Nos volvemos más observadores, dejamos de hacer ruido para ser tomados en cuenta… Nos vamos aquietando… Escucha y aquiétate…

PASAR DEL PERSONAJE QUE ACTÚA AL OBSERVADOR es… Es un Salto Cuántico. Una vez que dejamos al personaje por allí olvidado, nuestra Estatura Espiritual Crece y se Eleva a UNA DIMENSIÓN DIFERENTE. Allí comienzan a Aparecer otros Hermanos.

Los mismos Hermanos que siempre SOMOS, con otros rostros y otras historias. Ellos son mi espejo, mi reflejo. Y comienzo a maravillarme de la Pureza de mis Hermanos. De la Compasión que brilla en sus pupilas. Maravillados de la Inocencia que nos regala cada risa. Del Amor que palpita en sus corazones. Somos Co Creadores del Cielo en la Tierra. Co Creamos desde el Amor. Fabricamos desde el miedo. Desde el miedo sólo es posible fabricar caos.

EN LAS NOTICIAS DE LA NUEVA TIERRA aparece el Rey de Noruega dando un discurso desde el Amor, que no tiene color de partido, ni de bandera, ni de territorio… Él representa parte de ESA CONSCIENCIA EVOLUCIONADA que propone Compasión, Humanidad, Unidad.

Ya vislumbramos en el Universo Nuevas Consciencias Iluminadas en representación de Líderes, Maestros, Científicos, Inventores en Pro de la Humanidad. El personaje bufonesco, ególatra, que proyecta países arruinados, adoloridos y necesitados… está desapareciendo de la faz de la tierra… Esa vieja historia se está muriendo. La Nueva Tierra de la que habla Eckhart Tolle ya ha nacido. * NUESTRA Función para que ella se termine de parir a Sí Misma, es retirar totalmente de nuestro pensamiento esa vieja historia. *

EL ÚTERO

El Útero representa la oscuridad… La oscuridad representa a la Semilla… que da a Luz el Amor. Todo nace de Adentro y Ese Adentro es también Vida. Todo está bien. Todo es Perfecto en Orden Divino. No existe nada bueno, ni nada malo… Todo da Origen a Todo… Sólo que hemos perdido Nuestro GPS Espiritual.

La 'Wifi' espiritual la tenemos caída… NUESTRA FUNCIÓN ES RECONECTARNOS CON ESA FUENTE QUE NOS GUÍA.

Todo es válido, todo pertenece a todo. Es un HOLOGRAMA.

Existen muchas almas encargadas de averiguar, denunciar, publicar sobre la sombra. Ellas están cumpliendo la Función que les corresponde y que, a su vez, es sumador también. La oscuridad está muriendo junto a la vieja y adolorida tierra que hemos estado PROYECTANDO. Todo Renace de sus Cenizas porque la VIDA ES. ¡Por cada árbol talado estamos sembrando miles! La tecnología comienza a ser utilizada en función de un mundo más humano. Más amoroso. Un mundo de Hermanos.

DESDE QUE EL CURSO LLEGÓ AL PLANETA

UCDM cumple 50 años de estar aquí en este mundo ilusorio. Utilizando el plano físico y material al igual que el tiempo, para EXTENDER EL AMOR. Cuando yo comencé hace 26 años, a hablar del Curso era casi... hmmm... cómico, risible para muchos...

— ¡UN CURSO DE MILAGROS!!! ¡Jajajaja! Y ¿dónde es eso? ¿De qué te gradúas? ¡Jajaja! Y... ¿¡DE VERDAD HACEN MILAGROS!!!???

¡Cuántas frases burlonas hemos escuchado a lo largo de este camino!

Afortunadamente hoy el Curso llega al último rincón de este mundo. No existe límite de idioma, distancia, religión o creencia. La Verdad es Una.

La Conciencia Colectiva está Despertando. Este MILAGROSO LIBRO de Elevada Vibración está cubriendo al mundo con su Amorosa Voz. Las nuevas generaciones vienen a ENSEÑARNOS. La Compasión y el Amor que trajo Jesús en su Mensaje ya están AQUÍ Y AHORA.

Hacer Milagros ES sólo permitir que sucedan. Retirando nuestro Foco de atención de... lo que no suma... Poniéndolo en lo que SUMA.

Suma todo lo que esté a favor de la Paz. De la Armonía, del Servicio a los demás. Suma toda Consciencia que proponga detener el maltrato animal. Suma cada pensamiento, palabra y obra a favor del Amor.

SUMA... SUMA SIEMPRE EN CADA PENSAMIENTO. Permite que tu Trabajo funcione en... las OFICINAS DE LA "BUENAS NUEVAS". Tienen POSICIONES DISPONIBLES... ES UN DEPARTAMENTO QUE SÓLO SE DEDICA A LAS BUENAS NUEVAS... VOCEROS DE LA LUZ, DEL AMOR Y LA PAZ... Tenemos posiciones disponibles.... Quizás quieras aplicar para una de ellas.

SOMOS PORTADORES DE BUENAS NUEVAS

Ya entendimos que lo que vemos es una Proyección de nosotros mismos.

Ya dimos el paso de ELEGIR DE NUEVO... y Elegimos Co Crear en cada Pensamiento, Palabra y Obra. De esa manera, al igual que la Luz diluye la oscuridad, vamos diluyendo esa vieja realidad... Amén.

Suma, suma, aporta, sirve, da lo mejor de ti, en cada instante de tu vida. Comienza por ti mismo. Ámate hasta no permitir que ningún pensamiento perturbe tu Paz, tu Gratitud, tu Aceptación. Ámate tanto que nadie pueda dejar de sentir el Amor que ERES. Viste de fiesta a tu Corazón y sácalo a VIVIR esta Experiencia Maravillosa de la Existencia terrenal. ¡Sé Feliz sin motivos! Elige Vivir Feliz. Regala átomos de felicidad al mundo. Lleva tu Paz contigo y Ámalo todo.

* Si quieres ser Amado por un Ángel, vístete de Luz.*

¿POR QUÉ LA MIEL?

Toda mi vida he relacionado el Amor con la dulzura. De niña lo simbolizaba con la Leche Malteada... de Vainilla. Así es que... me imagino que cuando escribí mi libro anterior, "LA MIEL" al igual que "LAS ESTRELLAS", simbolizaron para mí ESE Planeta AMOROSO que estuve buscando en Janajpacha, Bolivia.

El Título "Que se Derrame la Miel de las Estrellas" nació en la profunda oscuridad del Amazonas... junto al Salto Ángel, cerca de los YEKUANAS vecinos de los YANOMAMIS. Ellos pertenecen a las tribus más antiguas del planeta. Allí surgió, en una noche oscura, en el corazón de la Madre Tierra. Allí... se Iluminó el firmamento con ¡millones de estrellas! Podía casi tocarlas con mis manos... Millones de estrellas estaban tan cerca...

Por eso la Miel. Porque en lo más profundo de la noche, desde el AUTANA del Universo, desde las entrañas del nacimiento de la Tierra, de pronto ¡todo se hizo LUZ!! Surgió Aquel Manto de Luz que parecía abrazarme... Lo amoroso es suave, dulce, tierno...

Por eso la Miel. Pude sentir su dulzor y su tibieza en ESE MANTO DE LUZ en forma de estrellas y luceros.

Puedes conseguir lo que se te ocurra en este sueño... cambiando un sueño de miedo por UN SUEÑO AMOROSO.

TODO es posible, nada es inalcanzable cuando nuestra mirada es la Mirada del Amor. Cuando nuestro Objetivo Único es la Paz, atraemos desde la dulzura de la Miel lo que nos hará realmente felices. La Gracia Interior es Sinónimo de PAZ. No existe Paz si no ERES Amor.

EN UN CORAZÓN LLENO DE AMOR no existe espacio para el miedo, si llenamos de Amor nuestro Corazón. Es fácil, sencillo, simple...

DESDE EL AMOR Extendemos la Paz en EL HOLOGRAMA.

Un Curso de Milagros nos enseña a Vivir desde el Amor. Continuamos viviendo en el sueño... transformando el viejo sueño de miedos y pesadillas en un sueño amoroso, compasivo y dulce.

Sé amoroso con tu hermano. Sé amoroso con tu supuesto enemigo. Sé amoroso contigo. Intenta vivir sin hacer juicio. Reconoce que No sabes nada. Acepta la Guía Divina con absoluta Humildad. Pregunta siempre a tu Corazón y obtendrás la respuesta. Esa respuesta que sólo existe dentro de ti y que Siempre te trae Paz.

Tu Corazón es el termómetro que te avisa. Al soltar el control, al entregar y aceptar que no controlamos absolutamente nada, sucede el Milagro y comenzamos a sentirnos livianos. Algo parecido a..."Quitarnos un gran peso que hemos estado arrastrando de un lugar a otro, sin rumbo"... Deambulando en círculos infinitos de dolor y sufrimiento.

Logramos al fin LIBERARNOS de todas las creencias, además de nuestra ¡demencial obsesión! ... ¡tener la razón! ¡Qué locura!! Hemos vivido totalmente locos ¡pretendiendo algo imposible! Y además sin sentido.

¿Qué sentido tiene pretender manipular al mundo, para que sea como yo quiero que sea? El mundo es simplemente el reflejo de Nuestros Pensamientos. La solución no está en manipular, obligar, abusar y matar para imponer mis ideas.

La Solución está Únicamente en CAMBIAR NUESTRO PENSAMIENTO. Nuestra Misión es Únicamente la de EXTENDER puentes que vayan al Amor. Y eso sólo se logra AMANDO. No tenemos que HACER NADA. Sólo VIVIR Amándolo TODO.

La causa de este mundo raro se ORIGINA en el PENSAMIENTO. *Cambiando Nuestro Pensamiento cambia el mundo.* Algunos aún intentan lograr los cambios, avanzando en contra de los efectos. Existen todavía personas que proyectan un mundo de carencias, ataques, guerras... empujando a los otros. Todo eso forma parte del proceso de Evolución.

El secreto está en UTILIZAR EL PODER CREADOR DE NUESTRO PENSAMIENTO EN EXTENDER EL AMOR.

Cambiando el reflejo del Holograma hasta un punto en que... ese resto aún dormido, se despierte por resonancia. Es la coherencia Global de Gregg Braden.

CONSCIENCIA Y ENERGÍA HACEN LA REALIDAD

La Consciencia antecede a la Creación... La Energía Divina se manifiesta en Vibración... y luego en Materia... La oscuridad es El Útero... es el Vacío donde se gesta la Semilla de la Luz. La oscuridad es el símbolo de la Semilla de la Luz. De la Semilla del Despertar al SER.

La Gestación del Amor sucede en la penumbra del Silencio.

El Alumbramiento sucede de Adentro Hacia afuera. Somos Luz Creadora.

Cuando logramos hilar este HILO conductor que nos lleva al Orden Divino, Somos Libres. Soltamos Definitivamente y para Siempre... Entonces se acaban las preguntas, se acaban los miedos, los sufrimientos... Entendemos. Simplemente ENTENDEMOS.

Dios es un Entendimiento... Cuando entendemos nos damos cuenta del Sin Sentido del sufrimiento... EL SENTIDO ES DIOS. EL AMOR. Todo lo que no esté alineado con el Sentido... nos trae dolor y sufrimiento.

Parecía tan difícil hace algún tiempo... Era todo tan caótico, extraño y doloroso en ese camino que dejé olvidado... UCDM dice: Este Curso no te enseña nada... sólo te ayuda a Recordar lo olvidado y a olvidar lo aprendido.

Intento a cada instante... olvidar lo aprendido... Pido ayuda al Espíritu Santo y me dejo llevar... *En los últimos años he podido SOLTAR mucha carga aprendida... Me voy sintiendo más liviana... Intento Ser absoluta y totalmente honesta en cada pensamiento... Se va haciendo más fácil... cuando no tenemos que preocuparnos por... qué decir o cómo decirlo... Eso viene solo por añadidura...

Si estamos atentos a nuestros pensamientos... amorosamente vamos desechando los que no vienen de Dios y lo demás se hace solo... Es un Curso gratificante desde que leemos el primer versículo. Lo ponemos en práctica y nos va permitiendo Ver el Milagro.

Si existe alguna Reflexión que quiera dejar plasmada en estas hojas escritas con tinta de Amor... sería la siguiente:

* Esto es un Camino que se llama Vida...

La Vida es un Flash de Luz y Milagros.*

Todo lo demás pertenece al mundo horizontal. Al mundo de las creencias, producto de nuestras programaciones. Esas que hemos ido pasando de generación a generación. Millones de siglos creyéndonos culpables los unos a los otros. Castigándonos a nosotros mismos, exaltando el sufrimiento como parte de la existencia humana...

En nuestra total amnesia, olvidamos Quienes somos en Realidad. Todo lo demás pertenece a la locura de un sueño, que nos mete profundamente en el infierno de la ignorancia, con todas sus consecuencias.

UN VUELO RASANTE POR EL SUEÑO

Es maravilloso en este momento haber logrado tirar mi vista al pasado... recorrer aquellos pasajes oscuros, de caminos perdidos que no me llevaban a ningún lugar... Es maravilloso mirarlo todo tan claro, nítido y revelador sin sentir dolor.

Sacar nuestra basura es vital para Iluminar el corazón... Dejé de culpar a mis padres, a mis maestros, a mis amigos, a mi pareja, a mis hijos... dejé de culpar al mundo por mi historia... Me atreví a tomarla entre mis manos, me atreví a aceptar mis errores, los perdoné todos y perdoné al mundo...

¡Lo Entendí! ¡Al fin lo he Entendido! Somos Únicamente Amor. Puedo Elegir de nuevo... Nada de lo vivido trasciende a mi Despertar... Han sido sólo sueños... Puedo transformar mis sueños en Sueños Amorosos y Felices. Soy Inocente. El Hijo de Dios es Inocente.

MI MAMI

Mi mamá biológica en este mundo es una personita muy hermosa llena de programaciones, confusiones, miedos, con un corazón dulce. Su personaje es a veces muy complejo. Puede pasar de la víctima al victimario sin mucho esfuerzo.

Desarrolló sus Dramas de Control en una infancia donde se veía en la necesidad de usarlos… para llamar la atención de mis abuelos. En su película, la tía Elsa (su hermana mayor) era "la preferida"… Mi progenitora creció marcando territorio y haciéndose "presente" de cualquier manera.

Como todos, ella también continúa queriendo tener la razón. NO reconociendo sus equivocaciones y justificando lo injustificable.

Todos hemos vivido de esa manera. Defendiéndonos de este mundo, con nuestros Dramas de Control, desarrollados en la niñez. Todos hemos sido perseguidos por nuestros propios Dramas. Causa y Efecto es Una de las Leyes Universales. Es una de las cuatro cosas de las que no podemos escapar… *Las Leyes Universales. *Las Lecciones. *Lo que va a suceder… *El Juicio Final…

Desde que comenzaron a "razonar", a mis nietos les dije siempre... "Lo haces mal, te sale mal". No hay escapatoria. La Ley de Dar y Recibir.

Las Lecciones, en esta Escuela Cósmica, no nos permiten reprobar. Nos ponen de nuevo la Lección, cuantas veces lo necesitemos para aprobarla. Así es que de esta escuela no es posible escapar.

Lo que va a suceder... sucederá. No podemos evitar eso tampoco. Por eso lo que sucedió, era lo que tenía que suceder... Y gracias a eso que sucedió, estoy aquí en este momento. Por eso, se acabaron los "yo debería haberlo hecho diferente".

Perdemos mucho tiempo con esta estupidez de culparnos y castigarnos... Si al final vamos a encontrarnos con esa Verdad más allá de todas las verdades... El Hijo de Dios es Inocente...

Ese es el Juicio Final, del que tanto escuchamos hablar. Ese al que tantas horas sin descanso le dedicamos nuestro sufrimiento.

No podemos escapar del Juicio Final, que no es otra cosa que EL FINAL DEL JUICIO.

Somos Inocentes, Puros, Santos y Perfectos. Nunca hemos herido al Padre ni El Padre nos va a castigar. Dios es Amor Puro y nosotros... Únicamente Amor.

7 CAPITULO SIETE

El Tiempo No Existe

Mientras escribo estas líneas que llamamos libro... Este Libro está en blanco y continúa escribiéndose solo... Mi libro es atemporal... en este momento presente estoy haciendo la corrección de lo que ya está escrito... O sea... es el futuro de las líneas que siguen a continuación...

Eso quiere decir que... * Voy al pasado cuando relato memorias, voy al futuro cuando comparto contigo mis Visualizaciones de la Nueva Tierra... Y continúo viviendo Mi Presente... mientras hago la corrección de lo escrito... Voy viajando por todos esos tiempos en tu Presente.

Mientras vivo mi Presente esta mañana... en algún momento ese Presente se transformará en un lejano pasado. Hoy jueves comencé agradeciendo por tanto, mientras envío la Lección del Día a Mi Grupo de UCDM.

Me entero que Hoy saldrá la Luna Llena más grande que hayamos visto. Según los entendidos es Luna de Aries y trae con ella Cambios Energéticos... Nos regala una Fuente de Energías Positivas....

Hoy amaneció lloviendo a cántaros, gracias por esa lluvia que tanto amo. Gracias por Despertar cada día un poquito más...

¡Gracias por tantos Regalos! Las clases de esta última semana son Revelaciones Constantes. Es maravilloso compartir la Vida Conscientes.

PARAMAHANSA YOGANANDA. *Es tan maravilloso estar con seres que no se necesitan convencer de que son Espirituales*

Celebramos cumpleaños en los diferentes Grupos de estudiantes de UCDM. Tenemos un 'chat' donde nos comunicamos a diario. *Se envía la Lección del Día*... Martha es nuestro Mensajero Matutino de UCDM. Desde que eligió comprometerse con esta Labor, hace su envío desde cualquier país, donde se encuentre en ese momento.

Todos estamos Unidos independientemente donde nos encontremos Somos Una Familia. Nos Amamos y Aportamos Reflexiones, Pensamientos Sumadores.

En esto de la comunicación satelital, la Tecnología se merece una mención: gracias a los avances tecnológicos podemos experimentar la Unidad sin barreras de tiempo y espacio.

John, Luisa y María Loreto desde sus destinos envían también Mensajes, Reflexiones, Afirmaciones. De eso nos beneficiamos todos. Sin haberlo planeado... compartimos la Unidad. Compartimos el Amor cada Amanecer. Practicamos día a día las enseñanzas en cada Pensamiento, Palabra y Obra. Somos Una Milagrosa Familia Espiritual que no planifica estos

Encuentros. Hemos logrado Compartir la Humildad del que no sabe nada y se deja Guiar.

Cuando usas de Guía a tu GPS Celestial: 'El Espíritu Santo'... TODO se Ordena en su lugar. CUANDO VIVIMOS EN EL ETERNO PRESENTE... todos los tiempos se Unifican en UNO. Por todo esto y mucho más, podemos Entender que el Tiempo no es real... Mi pasado puede formar parte de tu Presente cuando me lees. Mi Presente puede formar parte de tu Presente cuando estamos en Sintonía... Y así danzamos en el Juego de la Vida que es incomprensible, absurdo y disparatado cuando estamos Dormidos...

El Despertar nos muestra un Mundo de Dios. Todos estamos en la Misma Mente Observando el Amor. El Amor se cuela por cualquier rendija donde quede una brecha abierta... Es sólo asunto de Observarlo.

Todo tiene un Sentido más allá de la forma... El Sentido es Dios... Todo apunta al Amor. Siempre ha sido y Será. No importa cuánto te distraigas en el Camino... ¡Apunta al Amor! Pide Escucharlo, has Silencio, el Corazón se Sintoniza con la Paz y te deja Saber que todo está Bien.

* Para escuchar al Amor es necesario el Silencio*

LUNA LLENA GIGANTE

Así es que mientras este libro se escribe a sí mismo, describimos el momento en que estas líneas se están produciendo...

Un domingo lluvioso lleno de Reflexiones... De Meditación y Agradecimiento.

Por esta Vida, por todo lo vivido, por los Regalos, por los Hijos de Dios que me llaman Mamá. Por los que me llaman abuela, por los que me llaman hermana, amiga, tía, sobrina, amiga...

Gracias a Todos y cada Uno de los Maestros que me han acompañado en esta Aventura Maravillosa que se llama Vida, HE LOGRADO COMPRENDER... lo que Significa Dios. Vida, Amor, miedo, dolor, sufrimiento. Paz. Lo he logrado al fin Padre Celestial. ¡Gracias! ¡Gracias! ¡Gracias!

HOY EN MI PRESENTE Y EN TU FUTURO QUIERO DECIRTE... La Vida es maravillosa. Es Una Oportunidad para disfrutar los placeres del mundo terrenal...

Aspirar el aroma del mar, escuchar el canto de los pájaros, sentir en nuestra piel ¡el Amor! Es un Regalo si lo vivimos Despiertos. Valorando cada gota de agua, respetando cada gota de sangre. Abrazando a nuestros hermanos mayores, los Árboles.

Reverenciando los ríos y montañas. Ese es el Paraíso que tenemos y el que dejaremos de destruir a medida que Despertemos.

ELEGIMOS VENIR A ESTA DIMENSIÓN para SENTIR... Sólo hemos venido a Recordar el SENTIDO de la existencia... Dios es el Sentido.

HOY EN MI PRESENTE QUIERO DECIRTE... Ser Feliz es el Único Objetivo de este viaje, aparentemente sin sentido... Es Encontrar el SENTIDO... Todo lo demás es dar vueltas en círculos de profunda oscuridad.

Recordar lo olvidado y olvidar lo aprendido. Restablecer tu Conexión Divina.

Alinear Nuestra Mente y Nuestro Corazón. Ser felices y Servir. La Salida es Hacia Adentro. Encontrar la llave de la Felicidad... El Perdón.

EL PERDÓN ES LA LIBERACIÓN DEL ALMA

He dictado este Taller por mucho tiempo... El libro de Gerald Jampolsky "EL PERDÓN" ("Forgiveness: The Greatest Healer of All") es una Obra de Arte Universal.

Gerald Jampolsky estuvo de visita en Miami cuando yo tenía el "Centro de Crecimiento Personal"... Nos regaló su Presencia y su Voz con las enseñanzas de UCDM.

RECIBIRLO Y COMPARTIR CON ÉL FUE UNA EXPERIENCIA ÚNICA. Su dulzura nos llenó de alegría el corazón. Sus libros inspirados en UCDM han ayudado a millones de personas a Sanar sus Vidas.

El Perdón… es la llave para emprender el viaje de Regreso. El Perdón… es la Herramienta que nos da el Curso para Liberar nuestra Alma de todo sufrimiento. Yo me perdono y perdono al mundo. Reconozco que el Hijo de Dios es Inocente y me Entrego al Amor.

LOS MENSAJEROS DEL AMOR

Existen tantos Hermosos Seres de Luz Sirviendo al Amor, en mi pequeño mundo Ilimitado. Para nombrarlos a todos tendría que escribir un libro tan grande como *Un Curso de Milagros*… Son tantos los Hermanos Conscientes que llegan a mi vida… aun así… voy a nombrar algunos… Aquellos que han tocado mi Corazón, dejando una PROFUNDA Huella en mi proceso de Despertar. Hermosas Almas que forman parte de mi Sueno Amoroso. ¡Gracias!

Mizpha… Por orden de aparición, en el reparto de mi vida, Mizpha llegó primero.

Llegó a mi vida en un momento en que escribía una Telenovela para CORAL PICTURES. Largas temporadas escribiendo desde Miami para, cada 3 meses, reportar mi trabajo ya pautado, con fechas de entrega… Trabajé arduamente por año y medio… Largas y tediosas reuniones que no llevaban a ningún lugar… Podía observar la absoluta disfuncionalidad del Organigrama de aquella empresa… Llegar a Caracas era llegar a un laberinto de confusión, incoherencia y desorganización al que NO estaba acostumbrada.

Las cadenas de TV AMERICANAS son diferentes... La organización y la puntualidad son vitales en el mundo profesional, en el que me formé desde que llegué a Estados Unidos... Volver a Caracas siempre me sacó de mi acostumbrada disciplina de trabajo y vida. Estados Unidos tiene un estilo de trabajo y de vida diferente a América Latina... En Caracas, llegas a la intensidad, a lo asombroso por... todo lo fuera de contexto como se trabajaba en aquel momento... Siempre sentí que... en VENEZUELA PUEDE SUCEDER CUALQUIER COSA...

Días enteros en expectativa... La espera se hacía agónica... Las reuniones suspendidas y la próxima reunión, se dejaba en el aire... Viajar a Venezuela en aquel tiempo era para mí sentirme sin piso... Me sentía en el aire y desorientada... Deseosa de volver a mi casa en Miami, necesitando ver a mis hijos...

Muchos momentos difíciles. Gran tensión en relación a los Cambios que da cada hora la realidad tangible del venezolano. Todo es posible en Venezuela... Me sentía en otro planeta, aunque nací en esa hermosa e insólita tierra. En aquel tiempo ya se dejaba sentir el Tsunami que iba tomando fuerza ¡para arrasarlo todo!

EL CAOS EN CAMINO

Viví los difíciles momentos del primer atentado de Golpe de Estado que dio (Hugo) Chávez, en un lujoso hotel 5 estrellas. Bombas desde La Carlota cayeron ante mis ojos incrédulos. Entraron las balas por los gigantescos cristales... y nos quedamos atrapados entre los "imponentes supuestos muros de protección" que nos brindaban el privilegio, el ser afortunados en poder resguardarnos allí.

Magníficas experiencias se suscitaron dentro de aquella fortaleza de hormigón y cristal. Escritores reconocidos en el mundo de la política estaban de visita también. Tertulias intelectuales y mucho ego flotando en cada pálpito del corazón.

La voz de ALGUIEN DIJO...

— ¡La novela no va!

Faltando ¡5 días para comenzar a filmar mi telenovela! ... Mis piernas se hicieron flexibles, sin lograr sostenerme. ¡NO entendía nada! ¡No era posible tanta incoherencia!! Nunca había visto algo tan disfuncional y disparatado... pero era cierto. ¡NO va mi novela!!

En aquel instante sentí que se había acabado mi carrera, mis planes y proyectos de vida, todos al basurero. Estuve casi en coma por varios días. Mi mami tuvo que viajar desde Barquisimeto hasta Caracas para ayudarme a salir de aquello tan devastador... Dilcia llegó para protegerme... como a un bebé herido.

En aquel momento de quiebre llegó Mizpha. Trajo con ella a un grupo de estudiantes de UCDM. Vinieron a darme Soporte Espiritual. Mizpha físicamente es muy bella. Grandes ojos verdes, una sonrisa que ilumina el lugar. Es risa pura. Optimismo y Dignidad envueltos en una mente genial, dedicada a la Divinidad... Sus carcajadas tan personales, como su verbo inteligente, vivo y sabio. Es actriz de profesión y amiga de todos. Tiene un corazón que no le cabe en el pecho. Es amiga incondicional. Una hermana que me ha regalado el Universo. Me acompañó minuto a minuto durante aquella experiencia tan traumática, en aquel tiempo...

MIS PRIMEROS PASOS

Yo daba mis primeros pasos con el Curso. A ti Mizpha te dedico este pequeño relato... En agradecimiento al Amor que me has dado siempre.

Mizpha se encargaba de subir mi ánimo trayendo "Buenas Noticias" de la estación de TV, intentando hacer que yo me sintiera mejor. Me acompañaba a hacer mis citas odontológicas, médicas y todo lo necesario. Fue el Ángel que me dio soporte en momentos muy difíciles de digerir en aquel período.

Hoy puedo ver todo aquel desastre tan claro... Puedo ver la figura materializada en el aire... La Empresa de TV estaba colapsando de adentro hacia afuera, como todo lo que estaba desmoronándose en Venezuela. Aquella hermosa y querida patria Venezuela comenzaba a caerse a pedazos.

Fui aplastada por los primeros derrumbes ¡No sabía cómo salir de entre los escombros! Me ha costado mucho superar esa caída profesional, emocional, económica, intelectual y humana. Mi amiga Mizpha sufrió tanto como yo. Ella, al igual que muchos productores, actores, músicos, fotógrafos y directores, soñábamos con ver en la gran pantalla, trabajamos con tanto amor por ese sueño, que se quedó atrapado entre la hecatombe que todavía no termina... ¡Gracias Mizpha por mostrarme la Luz en momentos de tanta oscuridad!

El grupo de estudios de UCDM abrió el libro y apareció la Lección 77 "Tengo derecho a los Milagros".

En aquel momento no supe de qué se trataba esa Lección. Estaba tan confundida, dolida, frustrada, el sufrimiento no me permitía ver la Luz. Hoy sé que fue lo mejor que me pudo suceder... Hoy sé que todo aquello tenía que desmoronarse porque era falso. Yo estaba construyendo UN MUNDO sobre un terreno fangoso muy lejano de ser un futuro próspero y exitoso.

El CAMINO ESTÁ TRAZADO

No puedo dejar de decir que fue difícil, muy difícil para mí comprender lo que ahora he comprendido... Mi camino no era comprar una hermosa casa en la Isla de Margarita para mis vacaciones... viajar desde Miami a Venezuela y ver el mar desde la montaña. Ese camino trazado por mí... no era vivir entre Estados Unidos y Caracas, haciendo mi carrera Internacional desde ambas plataformas.

Mi camino era Otro... Salir de la locura del mundo del ego. Despertar Espiritualmente, para formarme como 'Sensitive Life Coach', continuar escribiendo desde Estados Unidos y observar remotamente la debacle o destrucción de mi patria.

Hoy puedo ver con absoluta claridad que lo sucedido fue y ha sido... lo mejor que ha ocurrido.

Solté toda conexión y expectativa con esa historia y renací de mis cenizas para comenzar de nuevo... Esa caída me salvó de muchos sinsabores y sufrimientos que tantos continúan viviendo en este momento. La historia de Venezuela desde aquel tiempo ha ido en caída libre, sin poder contener la hemorragia de sangre, tiranía y muerte.

Lo siento profundamente. Desde este otro lado del mundo trabajo cada día para ayudar al CAMBIO en Consciencia, que es lo único que podrá Transmutar esa triste historia. Allí estuvo presente mi querida Mizpha... Hoy sigue en mi vida, porque la distancia y el tiempo no separan a las Almas que están Unidas. Te amo y Bendigo Mizpha. ¡Gracias, Gracias, Gracias!

LA RUEDA

No estoy muy segura de que en los parques de hoy todavía tengan entre los columpios, el sube y baja, el tobogán… ¡una rueda!

De niña jugaba con mis amiguitos en la rueda… Mientras otro la movía lo más rápido posible… la sensación era de vértigo. Luego, al ir bajando la velocidad, vamos como saliendo del vértigo, para saltar a la sensación de mareo… Todo sigue dando vueltas aunque parece que estoy parada… Estoy de pie pero todo continúa dando vueltas… Es una sensación muy parecida a la que tenemos viviendo como "adultos"… Todo nos da vueltas y ¡no entendemos nada!!! El problema está en que de "adultos"… creemos que lo sabemos todo… hasta que no aguantamos el mareo… Y paramos la rueda.

LA VIDA CONSTANTEMENTE PARECE PONERNOS DE CABEZA… HASTA EL DÍA QUE ELEGIMOS NO DAR MÁS VUELTAS… Y PARAMOS LA RUEDA. Comenzamos a buscar afuera y nos vamos dando cuenta de que… la Salida es hacia adentro.

FELIZ NUEVO AÑO

El factor tiempo es en realidad tan relativo como lo indicó Albert Einstein... y lo es... Si NOS DAMOS CUENTA POR UN MOMENTO, estoy escribiendo, y en este momento acaba de terminar un ciclo y comenzar otro... Lo leerán generaciones del futuro y quizás, llegue hasta otro siglo. Así que viéndolo de esa manera... el libro nunca será ni viejo, ni nuevo. Será Eterno, porque habla de la Misma Verdad en cualquier tiempo lineal... La Verdad es UNA.

Si leíste mi libro anterior... Ya CONOCES MI ESTILO... Sabes cómo escribo. Voy de un sueño a una reflexión, de un tiempo pasado a un tiempo presente sin permitir que los lineamientos de la estructura me atrapen. Sólo dejo que fluya lo que quiere decir MI Consciencia... Mi Yo Superior. Mi Espíritu Santo... Es irrelevante cómo llamemos a dejarnos Guiar por esa Fuente Divina que nos mantiene Conectados.

Un Paréntesis...

Fue necesario hacer un paréntesis antes del día de Acción de Gracias y dejar de escribir. Mi tiempo estuvo dedicado por completo a los preparativos de "UN CRUCERO DE MILAGROS". Ese proyecto que estuvo en mi sueño logré verlo realizado en lo tangible y... así sucedió este Noviembre... Mi sueño de llevar las Enseñanzas de Un Curso de Milagros, con un Taller en Alta mar, se materializó en una Milagrosa Experiencia de Elevada Vibración.

"EL HACEDOR DE MILAGROS" en el crucero 'Victory' de la empresa 'Carnival Cruise Lines' fue algo sin descriptiva verbal. ¡Extraordinario! Vivenciamos el Cielo en el mar. ¡FUIMOS UNO! Veintiocho (28) Creadores Conscientes, navegando rumbo a Las Bahamas con UN MISMO PROPÓSITO: Viajar Conscientes de nuestra Divinidad. Viajar Despiertos sin perder la Guía del Espíritu Santo. Fue un Ejercicio alucinantemente hermoso. Vivenciando los Milagros ¡logramos entrar en la Centrífuga Milagrosa con el Pensamiento de Amor!

Fuimos Verdaderos Navegantes del Amor. Disfrutamos la travesía en cada Instante Santo. Todo el viaje, más el Taller... "EL HACEDOR DE MILAGROS"... ¡Único! ¡UNA MARAVILLOSA EXPERIENCIA!

Mis Ángeles Guardianes Luisita, John, Ingrid. Qué puedo decirles que ya no sepan. Gracias por estar en mi camino. Gracias por SER PEREGRINOS DEL AMOR. Gracias por tanto... 'UN CRUCERO DE MILAGROS' no se hubiese materializado sin ustedes. Gracias. Los Amo y bendigo. Quiero contarles un poco sobre ellos...

LUISITA / JOHN / INGRID

LUISA

Luisa llegó a El Curso con un grupo de amigas que la invitaron, hace varios años.

De aquel grupo que la trajo quedan pocos. La mayoría ya no están. Van apareciendo nuevos estudiantes y el grupo va girando sin detenerse... En ese tiempo y espacio se han movido muchas emociones, vivencias, crecimientos... diferentes Almas llegan en la misma búsqueda. Luisita se quedó para siempre.

El Curso de Milagros para ella, al igual que para mí, transformó su existencia 180 grados. Ella es una eterna enamorada de su Crecimiento Espiritual. Nos apoya con sus silencios. Trae las copias del material didáctico y aparece a tiempo. LLEGA directo del trabajo (al otro extremo de la ciudad)... En su trabajo del Hospital también es Guía Espiritual de médicos y enfermeras.

Su Entrega nos ENSEÑA que, es posible compartir con Ángeles en forma de mujer aquí en la tierra. Nuestra Angelita Luisa es uno de ellos.

JOHN

John es un personaje fuera de serie desde el principio.

Lleva varios años con el Curso, asistía a otros grupos. Poco a poco se fue enamorando de nuestro grupo de Kendall y aparece cada jueves sin falta. Es un gran soporte para todos. Aporta y suma constantemente, con sus intervenciones verbales y su ejemplo de dedicación. El planeta está necesitando más hombres dedicados a DESPERTAR y Crecer... Más energía masculina a la Disposición de la Divinidad.

John, amoroso, divertido, complaciente, querendón y 'malcriador'... siempre dispuesto a compartir, apoyar, servir. Muy querido, además de ser un gran bailarín. En las fiestas arrasa bailando con todas sus amigas del Alma.

Con John nos reímos... lloramos. Reafirmamos. Reflexionamos. Es un constante y Eterno Crecimiento compartir con él. Bendito seas mi John amado. ¡Gracias por tanto!

INGRID

De Ingrid ya he hablado anteriormente... Ella es un Hadita Amorosa, quien nos enseña con regalos de Amor, constantemente...

¡Todos forman parte del 'team'! Todos para UNO y UNO para todos. Mis 3 mosqueteros. ¡Gracias! ¡Gracias! ¡Gracias!

*De Rodrigo (RAMA) un extracto de su charla sobre el Amor... "Si Caminas Hacia El Amor, Caminas Hacia La Convicción de que Estás en El Corazón"... Esa Visión ES FUERZA. Darse cuenta que se está caminando hacia el lugar equivocado... es SENCILLO".

ABRIR LOS OJOS PUEDE DARTE CULPA... y comienzas a soltar de nuevo. Lo que se oculta crece... El mundo es tu mente subconsciente. Podemos inhalar profundo... cerramos los ojos y vamos hacia Un Amigo que nos protege... Haciendo Silencio se vuelve más fuerte. HAGO ESPACIO Día a Día... En CADA Liberación Hago un espacio... entra el amor... uno no hace el amor... el amor nos hace cuando hacemos un espacio... El cuerpo se vuelve un vehículo de Amor... Hacia donde estoy yendo y... Todo se vuelve Espiritual.

Hasta aquí escribo por ahora... Luego en algún momento que desconozco retomaré el hilo de este relato amoroso...

REANUDANDO LA ESCRITURA

Afortunadamente he comprendido con el tiempo que... El Plan de Dios siempre es mejor que el nuestro... Y entonces me permito Ser Flexible dentro del "supuesto plan" de cosas por realizar en este mundo raro... Vivir el PRESENTE nos aporta la Tranquilidad de que estoy donde tengo que estar... Haciendo lo que tengo que hacer... Y viviendo plenamente cada momento.

RETOMO LAS LETRAS PARA EXPRESAR LO QUE SIENTO

Muchas cosas sucediendo... El mundo dando vueltas ¡vertiginosamente rápido!

Si damos vueltas en la Rueda de la ilusión veremos... Masacres a niños ¡Niños aún con sabor a leche en sus labios... muertos, abaleados, torturados, masacrados! ¡NIÑOS con las manos en alto!

CON LA FUERZA DE SU ESPÍRITU... Almas Libertadoras que han regresado a continuar con la LUCHA. ¡Nuestro Derecho a Ser Libres!

La película de mi tierra amada Venezuela... en este mismo instante... es un culto a la barbarie y al horror. ¡Un Espectáculo Dantesco! Difícil de asimilar. El horror, el dolor, el miedo. La muerte, el hambre y la miseria... ¡En pleno siglo 21!

Inconcebible de poder ASIMILAR... como es inconcebible ASIMILAR cada Rincón de ESTE PLANETA donde todavía PREDOMINA la OSCURIDAD. Si ponemos el foco en esa realidad, puede ser muy doloroso y difícil de digerir.

Observándolo desde la Otra Mirada... La Mirada del Amor... puedo ver que Venezuela está viviendo una Experiencia de Transmutación Ejemplar para el mundo entero. VENEZUELA es el Ave Fénix Renaciendo de sus cenizas. Los jóvenes son Ángeles... ¡Los niños Índigo, Cristal y Arcoíris! Maestros de

Amor Defendiendo el Sagrado Derecho a la Libertad y la Vida. Podemos observar una verdadera Batalla Universal. Es una batalla entre el Bien y el mal...

ASÍ HA SIDO SIEMPRE... La misma rueda dando vueltas...

Es la historia de la humanidad... El bien y el mal... La ignorancia y la Sabiduría... Estos jóvenes están EN UNA LUCHA ESPIRITUAL. POR AMOR A SU TIERRA... A SU DIGNIDAD... A SU DERECHO A SER. Con sus pechos descubiertos y sus manos en alto... Podríamos DECIR que SON Cristo Crucificado... Sólo que esta vez nos enfocamos en la Resurrección... La Resurrección y la Vida...

El Cambio en Consciencia nos ayuda a ser observadores de estos procesos tan dolorosos. La Oportunidad de verlo más allá DE LA FORMA GENERA EMOCIONES INTENSAS... PASAMOS DEL LLANTO A LA RISA... CUANDO SENTIMOS QUE DAMOS ALGÚN PASO HACIA LA RECUPERACIÓN DE LA DIGNIDAD DEL SER HUMANO, LLORAMOS, REÍMOS... No soy apegada a casi nada, porque he estado trabajando mi vida entera

en el SOLTAR... Ese Soltar ayuda a poder Observar sin que se nos detenga el Corazón. Mi Corazón SE ACELERA y sigue latiendo por AMOR en cada latido. En cada Respiración, enviando AMOR a este Planeta Azul.

ESTE LIBRO ESTÁ VIVO

Todo sucede tan rápido... Días muy activos y tantos proyectos volvieron a quedarse en espera... entre ellos, finalizar este libro... Meses intensos... Clases... Talleres... Terapias... Un Crucero de Milagros... ¡Una Sublime Experiencia DE ELEVADA VIBRACIÓN! ¡Muchas Vivencias Milagrosas Inenarrables!

Si tratase de describir con una palabra (en el Principio fue LOGOS) a cada UNO de mis Ángeles en la tierra... esa palabra sería ¡INEFABLE!

Cada Vivencia, Cada Corazón de Nuestro Grupo de UCDM... ha sido, es... y seguirá siendo INEFABLE en cada Encuentro... Gracias por Existir en mi Sueño.

CERRANDO UN CICLO / ABRIENDO OTRO

Mi Mensaje es muy breve... "MI PAZ OS DEJO. MI PAZ OS DOY".

Retomo mi labor de Obrero... Obrero de las letras... Obrero ENCARGADO de poner en Palabras... la Belleza... la Dulzura... la Pureza... La Inocencia, La Paz. Esa ES mi Labor en este INSTANTE.

Comparto un pequeño fragmento de una conversación con un amigo... Hablábamos Sobre el Tema de "La Creación se encarga de poner las piezas en Su Lugar".

"Todo lo que viene a nosotros lo hemos pedido"…

ES UN ENTENDIMIENTO vital cuando Despertamos… Una Verdad Universal más allá de cualquier razonamiento humano. Yo, aportando mi Chispa Divina, filosofando en Poesía Luminosa, le digo…

— Nos hemos encontrado en esta INMENSIDAD CÓSMICA… Millones y millones de años Luz… Vuelta y vuelta en el Infinito Sideral… Somos Polvo de Estrellas… y… nos hemos encontrado ¡en este Flash de Luz! En el mismo momento terrenal e Instante Santo del Orden Divino… ¡Eso ha sucedido! Ah, ¡es un Milagro! ¡Un Alucinante Milagro si lo logras Ver! … Nos hemos pedido mutuamente… Así de simple. No me es posible Crearte si Tú no me Creas… Tú me pediste al igual que yo te pedí… No se mueve ni la hoja de un árbol…

Mi Amigo se queda dormido por un segundo y su ego responde…

— Yo no creo haberte creado en mi sueño…

SI ESTAMOS ATENTOS A ESCUCHAR… vamos Despertando.

* ¡ABRE TUS OJOS!! "El problema no es que estamos dormidos… "Creemos que estamos despiertos y el ego reaparece constantemente para recordarnos nuevamente que "nos hemos quedado dormidos"… ¡Reímos! CADA VEZ VOLVEMOS en lapsos más cortos… ¡Eso es LO Milagroso! A la

mayor brevedad… ¡ABRIMOS LOS OJOS! y Recordamos… LO ÚNICO QUE SÉ… ES QUE NO SÉ NADA.

Los diálogos Inteligentes enriquecen, desde la Antigüedad… Cartas famosas y Verdades Eternas, Vidas Iluminadas entre cartas borrosas… Una Danza de Cartas a través de la historia… entre amigos, hermanos, amantes… que se han quedado en la vieja tierra… Desde nuestros Ancestros… Las Cartas van más Allá… las palabras son Vitales en nuestro Proceso Evolutivo… Cada palabra es un Pensamiento… Ellos Son los ladrillos que dan forma a LA LUZ. Este MUNDO lo Creamos nosotros, en base a lo que Pensamos… ¿Quién está escuchando? ¿Quién responde? ¿Quién SOY?

A menudo nos quedamos dormidos y el ego toma el mando… Por un Instante (lo olvidamos tantas veces) momentáneamente… Olvidamos la Verdad. Aun así, más allá de cualquier cuestionamiento tonto terrenal… LA CONEXIÓN ENTRE SHIVA Y SAKTY CONTINÚA EN SU DANZA ETERNA… Todo va tejido con el HILO ROJO y… NOSOTROS, A ESTE NIVEL TERRENAL, NO TENEMOS NI LA MENOR IDEA DE CÓMO… TODO TIENE Un Orden Perfecto y Divino… el ego es sutil… y tan prepotente que… se deja colar… Estamos retirando la GRACIA DE LA DIVINIDAD en nosotros y en el mundo cuando no reconocemos El Orden Divino.

TODO LO QUE VIENE A MI VIDA LO HE PEDIDO… LLEGA PARA ENSEÑARME. SON REGALOS… BENDICIONES... Lo Siento, Perdóname, Gracias, Te Amo.

* Si le quitas algún fragmento de polvo a LA DIVINIDAD, se lo ESTÁS NEGANDO A TODO. Existe UN LENGUAJE QUE NO ES DE ESTE MUNDO. No sé comunicarme de otra forma. AHÍ VIVO… ACEPTO… "TODO LO QUE LLEGA A MI VIDA LO HE PEDIDO".

CADA RELACIÓN TE OFRECE LA OPORTUNIDAD DE ACERCARTE AL AMOR…

"Cuando no caminas en dirección del Amor… sufres.

Tú no haces el amor… El Amor, te Hace" (RAMA)

Así es que comenzamos este Nuevo Ciclo permitiendo que la Divinidad Nos Guíe. Buscando siempre Unirnos a la Fuente de Toda Creación. Conectando con Nuestro Corazón.

"En Un CORAZÓN LLENO DE AMOR no existe espacio para el miedo".

A medida que vamos Elevando Nuestro Nivel de Consciencia VAMOS Caminando Hacia el AMOR. Ese Caminar está lleno de Sorpresas a Otro Nivel… Lo terrenal va quedando atrás. Lo físico se va diluyendo en el polvo del camino… Se va Sublimando y entonces ENTRAMOS A OTRO JUEGO… EXPERIMENTAR EL AMOR INFINITO, EL AMOR QUE SOMOS…

NO TODO EL MUNDO ESTÁ LISTO PARA DAR ese salto cuántico… Cada quien tiene su diferente proceso… Y está Bien. Cada Uno en su proceso de UNIFICARSE.

PERMITIR Si dejamos el espacio para que ENTRE EL AMOR … establecemos UNA RELACIÓN CONSCIENTE … Para Poder Extender el Amor dejo el espacio vacío y… ¡el Amor lo llena rapidito!

SOY PUENTE… Entramos a Vivenciarlo Todo a Niveles más sutiles aún… viviendo en este plano físico. Eso es Entrar a la "4a DIMENSION".

Lo vivimos desde el cuerpo físico disfrutando de todos sus matices… ¡Es fabuloso! Aromas, sabores, las delicias del mirar, reír, cantar, degustar, besar, escuchar… palpitar, sentir, amar. La vida es bonita, bonita, bonita… ¡Gracias Vida por regalarme este FLASH DE LUZ Y MILAGROS!

AGRADEZCO a La DIVINIDAD este REGALO DE PERMITIRME Existir en este ¡FLASH DE LUZ!

Conocerte, palpitar contigo y ¡MARAVILLARME A CADA INSTANTE CON LOS MILAGROS! GRACIAS. PERDÓNAME. LO SIENTO.TE AMO. GRACIAS.

PLANIFICANDO UN CIERRE PARA ESTE CICLO

Al igual que la Vida… este libro está escrito en el Instante Santo y no es posible ubicarlo en un momento específico.

* Volviendo al Instante Santo, en el que se me Revela la Escritura... diría que entre Aquel Instante Santo, cuando nació "QUE SE DERRAME LA MIEL DE LAS ESTRELLAS" y este momento, han transcurrido más de dos décadas. Ha sido necesario ese lapso de silencio, para regresar a volcar mi Alma por segunda vez.

Si tuviese que decir en una palabra lo que significa estar Vivo... diría esta Palabra: ¡Gracias! ¡Gracias por Ser! ¡Gracias por el Agrado de Ser! Gracias por todas las experiencias, por toda la ignorancia, por cada atisbo de Luz que se va Abriendo a Otra realidad, en la que todos somos Únicamente Amor.

¡Gracias! A Un Curso De Milagros por llegar a mi vida. Gracias a todos y cada uno de los Seres de Luz, vestidos de enemigos, víctimas y victimarios que habéis aparecido en este escenario, a jugar el juego de malos y buenos. Si tengo que Elegir una Palabra para dejar un Mensaje en esta Existencia Física... Esa palabra sería exactamente la misma... ¡Gracias! ¡Gracias!! ¡Gracias!!!

Estar aquí en este sueño de planeta, Despertando a la Luz, en UN MOMENTO en que el Planeta, como Sueño en Sí, está Elevando su Vibración para Elegir el Sueño Amoroso, de esta efímera existencia.

Quizás he dejado muchas cosas por decir en este libro. ¡Tengo tanto por contar! Pero siendo así es Perfecto de igual manera.

Durante este período aquí hemos realizado 4 CRUCEROS DE MILAGROS... Vivencias Milagrosas... Las Mil y una noches, como las fabulas de Sherezade... Cada historia compartida. Milagros y Revelaciones. Manifestaciones del Milagro en cada Instante que entrego...

Podemos decir que he terminado de escribir...

Este libro se llama "TÚ ERES EL MILAGRO" y lleva como subtítulo... "LA SALIDA ES HACIA ADENTRO". Su Símbolo es la Centrífuga o Espiral Ascendente, que ¡nos lleva a la Luz! Esta misma Espiral se expande desde el centro de nuestro corazón, extendiendo el Amor... Todo viene de Ti.

La semejanza entre la Extensión y la Proyección ES que AMBAS vienen de TI.

Una Une y Acepta... La Extensión viene del Amor en Ti. La Proyección también viene de ti, del miedo en ti... Separa y niega.

TÚ ELIGES

Con total y humilde aceptación, admitir que LO ÚNICO QUE SÉ, ES QUE NO SÉ NADA cambió 180 grados mi Existencia. El Milagro de Existir le ha dado Un Sentido Superior a esta Existencia... ¡Es el Mayor Regalo! Gracias por cada Despertar en este camino de Regreso al Hogar.

Retomamos el Nuevo Ciclo con UN RETIRO DE SILENCIO Y PERDÓN.

Si puedo elegir otra palabra para definir esta existencia, que nos parece tan sin sentido, tan difícil y dolorosa... esa Palabra es Perdón.

La llave que Abre tu Existencia a la Felicidad. Todo se diluye con el Perdón... Llegar al Entendimiento del Verdadero Perdón, que sabe que aquello que ven tus ojos es falso. El VERDADERO PERDÓN...

Llegar al PERDÓN de UCDM. Ese PERDÓN QUE NO ES NECESARIO... Aquel que no necesita Perdonar... Porque nunca Juzga. El Perdón que nos muestra más allá de la forma... que todo lo que existe es Amor. La ÚNICA FORMA de llegar a Vivenciarlo, se logra pidiendo Guía, para mantenernos alertas... Es EL CAMINO para llegar al LOGRO... Pidiendo la ayuda del Espíritu Santo.

DISCIPLINA, REPETICIÓN Y ENSAYO

Práctica Constante, Afirmaciones Diarias. Repetición y Práctica. Aceptación y Cambio. Poco a poco y sin darnos cuenta, COMIENZA a dar su fruto el Proceso Milagroso.

COMIENZAS A VIVIR DESDE EL AMOR... Prefieres el Amor y la Paz... Deja de ser importante tener la razón... Asumes que todo es perfecto. Aceptas lo que sucede como parte del sueño.

Y DESCUBRES que tú, y sólo tú, puedes ELEGIR DE NUEVO Y CAMBIAR el sueño...

Poco a poco y sin darte cuenta... DEJAS DE SEÑALAR AL OTRO Y COMIENZAS TU Viaje Interior... Este Camino es Irreversible y Acumulativo... Una Vez que tomas el sendero del Amor... Tienes asegurado el REGRESO AL HOGAR.

El Taller "EL REGRESO A CASA"... El "CRUCERO DE MILAGROS IV" tendrá este TALLER de Estreno...

Cada viaje en alta mar tiene UNA Función establecida... Un OBJETIVO. VIAJAR DESPIERTOS... Cada Crucero estrena un Nuevo Taller...

UCDM I "EL HACEDOR DE MILAGROS"... UCDM II "LA CONEXIÓN CON LA FUENTE"... UCDM III "ABRE TUS OJOS SOMOS LUZ"... y UCDM IV "EL REGRESO A CASA".

El Proceso Educativo es Evolutivo, gradual, flexible y vivencial. Sentimos la UNIDAD MÁS ALLÁ DE LAS PALABRAS. Experimentamos el UNO en todo. Es UNA EXPERIENCIA ÚNICA. Parte de la Sanación compartida en forma divertida, alegre, naturalmente feliz.

FINALIZANDO ESTE CICLO INAUGURAMOS UNA ACTIVIDAD NUEVA: "TERTULIA ESPIRITUAL DE UCDM" dirigida al Agradecimiento. "ACCIÓN DE GRACIAS"...

Compartimos en "LA CHAKANA"(un paraíso terrenal, un sitio de retiro) uniéndonos a nuestro verdadero SER, más allá del nombre, profesión, nacionalidad... TODOS SOMOS UN estudiante de UCDM que ha decidido SER Un MAESTRO de DIOS.

¿Quiénes son los Maestros de Dios? TODO Aquel que decide Serlo. UCDM Manual del Maestro.

En la TERTULIA Espiritual de UCDM nos despojamos de nuestros nombres y creencias... y simplemente somos FE, AMOR, PERDÓN, FELICIDAD, PAZ, CONFIANZA, MILAGRO, SER...

La Meditación en Movimiento... Caminamos DESCALZOS... CONSCIENTES DE CADA PASO... hacia el AGRADECIMIENTO.

* La Disertación individual que cada quien aportó... El compartir en Silencio la Meditación con los Cuencos Tibetanos... La fogata... Sin palabras. Todo lo Compartido sin palabras...

¡Una Experiencia Única! Gracias a Todos y cada UNO, llegamos al LOGRO... Lo hemos conseguido con Entrega... ¡Gracias por Ser Tan Hermosos!! ¡Puros!! ¡Santos!! ¡Los Amo con todo mi Corazón! Gracias a cada Maestro de Amor en mi Vida. **Nos reuniremos en una siguiente "TERTULIA"... ¡En un próximo Día de "Acción De Gracias"!!

Cerramos Agradeciendo al Ser por Estar Conscientes... Agradeciendo Cada Gota de Vida que se nos Regala. *Cerramos dejando UN MENSAJE a La HUMANIDAD... A La FAMILIA GALÁCTICA... A La FAMILIA ESPIRITUAL... A La HERMANDAD FRATERNAL del UNIVERSO... El Mensaje es UNO.

Sólo UNO. * SOMOS UNICAMENTE AMOR *

¿Quiénes Somos? ¿Para Qué Estamos Aquí? ¿A qué hemos venido?

Sin Esa Respuesta... caminaremos Eternamente en senderos laberínticos, oscuros y tormentosos.

HEMOS VENIDO A RECORDAR... EL REGRESO A CASA.

"El REGRESO A CASA" comienza cuando... siento que estoy perdido... Acepto que no sé nada... Y elijo de nuevo. Doy media vuelta sin mirar atrás... Esa es la Conversión de la mirada "del miedo al Amor"... Es Ese ¡Flash DE LUZ! que SUCEDE EN EL INSTANTE SANTO ¡Flash! ¡CLIK! Y Lo Veo con mis ¡Ojos Santos!

VOY ATENTO A Mi Mirada hacia el mundo... Voy saliendo de la Proyección... y comienzo a entrar en la Etapa de Extensión... VOY CAMBIANDO EL PENSAMIENTO... LA VIBRACIÓN EN ARMONÍA EXTIENDE PUREZA, COMPASIÓN, PAZ, AMOR.

*Es tan sencillo y luce tan complicado... UCDM nos dice..."Sólo una gota de tu voluntad es necesaria".

La Sensación de Vacío se va diluyendo... ESA AGÓNICA BÚSQUEDA EN LABERINTOS DE CONFUSIÓN VA CEDIENDO PASO Y COMIENZA A LLENARSE DE UN INFINITO UNIVERSO MILAGROSO. Un Universo que está Vivo y que Responde. Siempre Responde...

Es necesario vaciar el contenido de Basura Cósmica. Vaciarse... como la taza de té... y hacerme a un lado... En ese momento estoy permitiendo al Milagro que... suceda. El Milagro está Sucediendo Eternamente... ¡Frente a Ti! Allí... ¡en millones de imágenes!! ¡EL HOLOGRAMA!

TÚ REFLEJAS... TÚ TRANSFORMAS LOS COLORES Y FORMAS ESE HOLOGRAMA ETERNO... ¡TÚ ERES CO CREADOR con DIOS, cuando Eres Consciente AL AMOR!

MOVIENDO nuestra Mirada al Amor... las formas y colores del Holograma-Reflejo cambian... La Vibración es Sonido... Es Música... es El Lenguaje de Dios. En el Silencio está Dios. La Vibración Dios... 'OM'.

Invertir la mirada significa, dejar de observar al mundo... Comenzar a Mirarme a Mí mismo... Sólo Eso... Abrir ese Universo de Infinitas posibilidades. Lo explica la Física Cuántica... Estamos Sumergidos en un Vasto Universo de Posibilidades.

Esa realidad que percibimos en el mundo físico... está Tejiéndose en Planos Sutiles. NUESTROS OJOS FÍSICOS NO PUEDEN VER ESA REALIDAD.

Jesús dejó su Mensaje muy claro... "No pienses en hacerle a tu hermano, lo que no quisieras que el pensara en hacerte a ti". El Plano Sutil del Pensamiento es el Creador de Una u Otra realidad... "NADA REAL PUEDE SER AMENZADO".

Los Hilanderos de la Luz, Co-Creamos desde los Planos Sutiles. EL LOGOS... El Pensamiento Creador... EL PENSAMIENTO CREADOR DEL AMOR ES UNO.

TU PENSAMIENTO CREADOR AL SERVICIO DE LA DIVINIDAD ES Unirte a la Voluntad Divina. Confío en Ella. Pido Guía. Pido ayuda para estar Alerta, para Perdonarme en cada momento que me olvide.

De eso se trata, constancia, perseverancia, lectura, práctica, entrega.

Esto es UN CURSO DE MILAGROS. Como cualquier otro curso. Requiere de una Disciplina... La Disciplina en todos los planos es una Regla para llegar al Logro.

Para LOGRAR ALGO es necesario SER Disciplinado. Es Elegir de Nuevo Constantemente. Es aprender del Sonido de mi Voz. Es Escucharme desde El Corazón. Es Vivenciar mi Luz y Amar mi oscuridad. Es Aceptarme más allá de la forma. Con la Llave del Perdón. Es Reconocerme y Reconocerme en MI Hermano.

Cerrando este Ciclo nos Unimos en Un Solo Corazón para desearnos UN FELIZ Y MILAGROSO Nuevo Tiempo... Continuamos hacia el Siguiente Nivel, Ascendiendo en el Espiral Ascendente de Luz, al que nos vamos Uniendo...

Cosas lindas que decirte... antes de finalizar este libro... Hmmm... A ver...

La Vida es una maravillosa Aventura... Dependiendo del Maestro que Elijas Escuchar... Si elijes el camino del sufrimiento también está bien... El Proceso es Individual y Sagrado... La Vida te va mostrando el resultado... ¡Una y otra vez hasta que la Ves! Ves la Lección y entonces... La Vida no te pone más esa Lección...

El Proceso Evolutivo sucede de todas maneras... Va por diferentes caminos... sólo que al final siempre llegas... Despertarnos es parte de Ese Proceso Sagrado... NADIE ESTÁ OBLIGADO A DESPERTARSE, si desea continuar durmiendo. Todo es Perfecto en el Orden Divino. Llegar ahí requiere la Entrega...

LA ENTREGA

La Entrega es Eterna... No dejamos de Entregar porque Somos Eternos y en la Eternidad... ESE ES EL JUEGO... EL JUEGO DE DAR Y RECIBIR. SHAKTY Y SHIVA. La Danza de la

Creación... EL TODO Y LA NADA EN LA DANZA DIVINA DE LA CREACIÓN...

A esta Existencia Ilusoria, llegas a Vivir Un Instante Santo. Un Instante de Entrega, que te Hace DESCUBRIR Quien Eres. ESA EXPERIENCIA ÚNICA ES EL REGALO.

EL REGALO

El Regalo viene de la Certeza, la Certeza viene de la Confianza. La Confianza y la Certeza forman la Fe. La Fe te da La Paz. El Regalo es Recordar que la Respuesta a Todo está en la Entrega... Agradecer y Bendecir todo, con la certeza que EL Regalo siempre está detrás... Ir navegando por el mar de la Vida en Aceptación, es Despertar, Regresar al Remanso del Agua que sigue SU rumbo... REGRESAR A CASA.

Regalo el que me ha dado la Vida en esta Experiencia física. Es Indescriptible la delicia de habitar en un cuerpo que siente... que palpita el Amor en cada latido de su corazón. Es Indescriptible el Milagro de esta Existencia Espiritual Consciente. El Regalo de respirar, mirar, saborear, oler, caminar, ver, reír, llorar, cantar, amar.

La Vida es UN REGALO. Cada Aliento es un Milagroso Regalo. Una vez que caemos en cuenta de ESO... comenzamos a Vivir en Reverencia... Nos Convertimos en OBSERVADORES. Aprendemos a Fluir, a Confiar, a pedir Guía, a Escuchar la Voz de Nuestro Maestro Interior. Una vez que se Abre ESA Ventana de Luz, nunca más volvemos al laberinto, de oscuridad y confusión.

El Cielo y el infierno no son un lugar... Estamos a varios años Luz de esa creencia tan descabellada, en la que se formó la historia de este Planeta.

El regalo es... estar Presentes ante el Salto Cuántico que estamos dando como Humanidad. Estamos presenciando "el final de la noche oscura" ... La Luz ha llegado para Iluminar el Pensamiento, con el Pensamiento de Dios.

Cada segundo están despertando miles, millones de Almas. Reconociendo la Compasión y LA SOLIDARIDAD como la Base de la Vida.

** Escuché hace poco a un banquero español brillante, dando un discurso sobre "el rescate de la Dignidad Humana". Su proyecto de crear una BANCA ÉTICA fue criticado por los grandes financistas del planeta... ¿Una Banca Ética? ¿Puede existir? ¿Qué quiere decir?

** Una Banca donde cada centavo de inversión, se haga en base al respeto a la condición humana. No más proyectos donde se destruye la humanidad y su calidad de vida, en base al dinero. ¡No necesitamos más dinero! Necesitamos más Seres Humanos. BANQUEROS, Inversionistas en función de la Dignidad Humana. Esa es la Nueva Tierra que ya está Naciendo... Cada día Veo más BONDAD en el mundo. CREO QUE "todos los hombres son buenos y reinarán en su bondad".

Lo siento... Lo que yo veo es Bondad... La Esencia Divina es Bondadosa, Amorosa, Benevolente.

Esto es lo Mejor de UCDM. TÚ ELIGES QUÉ DESEAS VER... Todo está Ahí... La moneda siempre tiene dos caras... Yo me enfoco en la cara de la Luna Iluminada.

Vas a tener razón, siempre que elijas que tu razón es la válida. El Universo nunca nos contradice... Te Da exactamente lo que le pides... TE DA EXACTAMENTE LO QUE TÚ DAS... ¿Eliges razones para ser malvado, sufrir y llorar de rabia o frustración...? VAS A ENCONTRARLAS TODAS... Elijes Ver el otro lado de la historia y ahí están miles de millones de razones para Ser Feliz. Todo tiene un porqué sucede... ¡TODO! NO EXISTE EL ACCIDENTE... NO EXISTE LA CASUALIDAD... Todo sucede porque tiene que suceder...

REGALO ES... CADA VEZ QUE LOGRAMOS VER UNA LECCIÓN Y NO UN PROBLEMA.

Corregir el error, perdonarme por eso y seguir adelante, es el juego...

PERDONANDO Y SANANDO... SIRVIENDO, ACEPTANDO.

LA SALIDA ES HACIA ADENTRO... No dudes Eso Jamás. Afuera no existe nada.

El tiempo que tengas que caminar buscando afuera sin encontrar nada... es perfecto para ti. Es tu Proceso. Si la lectura de mis Reflexiones en este libro aporta Paz a tu corazón, me daré por satisfecha. Me sentiré plena, por el Logro de Extender el Amor a tu Vida. Gracias por leerme. Gracias por COMPARTIR CONMIGO este Viaje Interior.

REGALO ES... ESTAR VIVA Y CONSCIENTE PARA DECIR LO QUE SIENTE MI CORAZÓN. REGALO ES... TODO LO QUE HA SUCEDIDO en Mi efímera Existencia.

REGALO ES... cada Amanecer, cada noche, cada día. REGALO ES... el Amor de mi familia de sangre y mi familia Espiritual.

REGALO ES... este Don de poder escribir y usar cada letra en forma de poesía, para Extender la Voz del Amor a este mundo.

REGALO ES... El Espíritu Santo es Mi Regalo. Es este Flash de Luz y Milagros, que se llama Vida.

REGALO ES... la OPORTUNIDAD de Volver a escribir desde mi Corazón y volcar mi Alma, para decirte una vez más... La FÓRMULA MILAGROSA PARA SER FELIZ, con la que finalizo mi libro anterior ES LA MISMA, ayer, hoy y siempre...

AMNESIA + AMNISTÍA = PERDÓN = AMOR = DIOS

Miel Amor y Luz para ti. Rev. Gisela Fabelo.

.

EPILOGO

En este momento sumado al arduo trabajo de Corrección Final… está sucediendo un evento en mi vida…. Mi mami está hospitalizada en Observación por una arritmia cardíaca…

HAGO ESTE ANEXO… porque entiendo que por varias razones no podía finalizar este libro antes. Ahora es el momento de finalizar y no fue antes… Los intentos de terminarlo no se lograron, porque tenía que insertar este anexo… Un espacio dedicado a Dilcia María… mi Madre.

* Mami Amada… Siento que…

Siento que más que SENTIR temor porque puedas dejar el plano físico y suceda eso que llamamos muerte… Más allá de este temor mundano… Existe la Verdad… La muerte no existe en realidad… Cada partida es UN Canto a la Vida… La muerte no existe… Siempre Es Vida… Cada vez que alguno de nosotros emprende el camino de regreso al Hogar… ES La Oportunidad para UN Nuevo Renacer… Un paso más Allá, de esta forma… Un NUEVO Amanecer. Un comienzo.

Siento que… Es el momento de Hacer UNA Sanación FAMILIAR. UNIRNOS TODOS EN UN SOLO CORAZÓN… es el momento de Entender que, te vayas o te quedes un tiempo más... Dilcia María... dejas en mí, el Amor que Soy. Gracias por cuidarme y mostrarme el camino... Mañana es Día de la Madre.

* Voy a Regalarte TODO EL Amor que Soy ¡junto a un Ramo Inmenso de Flores! Celebraré con mis hermanos El MILAGRO de coincidir todos en ¡Un FLASH de LUZ!

Ser hermanos y existir en el mismo momento sideral Es UN Milagro que no puede ser ignorado. Se nos ha regalado la Vida y el Amor en el mismo Instante Santo. El mismo vientre materno en el plano físico. Algo que no puede ser ignorado... Nada sucede al azar. Todo está conectado con UN Orden Divino.

Siento que La Vida nos está dando UNA Oportunidad de Agradecer y bendecir nuestra hermandad. Benditos sean... Myriam, Fernando, María Teresa, Ricardo, María Gabriela. Gracias por Ser mis Hermanos. Los Amo y bendigo.

Myriam con el Amor por los animales, Fernando el abre caminos, María Teresa la guerrera incansable, Ricardo el mejor padre con ese bendito humor. María Gabriela la emprendedora y creativa... ¡Todos maravillosos! Todos buenos. Todos Santos... Gracias por ser mis hermanos. Mis Hermanos de Luz.

Mamá te estoy Agradeciendo todo el amor y el dolor... si no hubiese sido por el amor y el dolor que me has causado, no sería Quien Soy. Un Maestro en cada pálpito. En cada Diástole y

Sístole, has Entregado Amor… Hoy tu corazón está cansadito… exhausto de tanto Dar.

Desde el Amor. Desde la Luz del Entendimiento. Gracias mami por cada Fractal de Luz compartido. Seguimos Juntas Siempre. No hay distancias, no hay barreras. Siempre Juntas de corazón a corazón. Entrega y Bendice. Entrega y Agradece. Yo lo haré junto a ti. Seguiremos Eternamente en el Espacio Sideral como polvo de Estrellas. Como Luz Divina. Como Amor Eterno que Somos.

Agradecida de la Vida por los millones Fractales de Amor compartidos. Aprovecho este momento para detenerme en cada Vivencia alegre, feliz, divertida que como familia hemos experimentado. Cualquier memoria sombría, triste o dolorosa la he Transmutado en Luz y Entendimiento. Quiero aprovechar este Momento Santo de profunda Reflexión… para decir…

Mi familia Espiritual es todo Aquel que va Uniéndose en EL Camino. Mi familia de sangre, es todo Eso y además… es el regalo de haber podido jugar, reír y soñar JUNTOS por este camino que llamamos Vida… cuando el camino aún no se había emprendido. Gracias a mis hermanitos por jugar, discutir, reír, soñar, mentir, llorar, fracasar, renacer, crecer. Gracias por compartir al niño que llevamos dentro. Así los veo, así los siento… siguen siendo mis hermanitos.

Es Momento de profunda Reflexión ahora que Dilcia María se está sintiendo cansada... UNAMOS El Amor que ella nos Inspira en UN Solo Corazón. Más allá de las "diferencias" que nos separan está el Amor que Somos. Somos Únicamente Amor.

Dilcia Amada madre mía. SOMOS VIDA. Seguimos Juntas En la Eternidad.

PD: En el plano físico tengo una hermosa y amada familia. A mi mami, mis hijos, mis hermanos, mis nietos, sobrinos... a todos y cada uno, les regalo lo mejor de mí. Les pido perdón por lo que no pude hacer mejor... No importa si la distancia y el tiempo no nos regalaron un compartir más cercano. Mi corazón está con todos, mi amor y mi reconocimiento eterno.

SUMARIO

Quizá este sea el final de un Ciclo. ¿O el comienzo de otro? No lo sé. No tengo la menor idea. Hoy sólo tengo la certeza de que "no sé nada"...

Cuando escribí mi libro anterior era casi una niña... Allí dejé mi testimonio sincero, la inocencia de quien busca alguna respuesta que le pueda dar sentido a esta existencia humana. Hoy, sin darme cuenta, han transcurrido dos largas décadas.

Días, meses, años de sinsabores, dulces momentos, grandes reflexiones, aventuras increíbles. Éxitos y fracasos. Un torbellino de vivencias indescriptibles. Muchas de ellas se han quedado en el olvido. Y todas me han enseñado algo. Cada una de ellas me ha mostrado lo más importante que quiero compartir contigo... ¡Puedes Elegir de nuevo!

Puedo Elegir de Nuevo... ¡Ahhh!! Es lo único importante de este peregrinar, en el oscuro Laberinto de la ignorancia... Cuando descubres que tienes el Poder de Elegir de nuevo... has encontrado el Sendero de la Paz Interior. La respuesta que estás buscando no está ahí afuera. Está allí en lo más profundo de tu Corazón.

¡Cuántas lecciones he aprendido, cuántas todavía me quedan por aprender!... No sé... Lo único que sé, es que no sé nada...

Hoy voy finalizando esta narrativa. Cada palabra ha sido escrita con la tinta del Amor, para decirte que EL UNIVERSO Y TÚ ESTÁN EN PERFECTA SINTONÍA. Eres Emanación de la Fuente de Amor. Somos Únicamente Amor. Dios es Amor y no es posible verlo con los ojos físicos. Sólo puedes Sentirlo en el latido de tu Corazón.

Mi escrito "LA SALIDA ES HACIA ADENTRO" toma forma hoy, para quizás llegar un día a tus manos. Su recorrido es absolutamente desconocido... Llegará al que esté listo para recibir mi Mensaje. Será un bálsamo Sanador y dejará Semillas de Luz a su paso. He cumplido mi Función de Amar, Perdonar y Servir.

Te invito a Elegir de nuevo. A Elegir la Paz y a Sembrar Semillas de Amor a tu paso. Pronto verás Tu Hermoso Jardín Florido. Un mundo de Seres de Luz Amorosos saldrá a tu paso. Esa es tu Función en esta existencia humana. El paso por este recorrido es muy breve. Deja a tu paso Huellas de Eternidad.

Prometí concluir este libro con el relato resumido de mi estadía en Firenze y... el Significado Mayor de Mi Experiencia con el DAVID de MICHELANGELO.

EL DESCUBRIMIENTO

Voy a contar el secreto del David... No obstante, repasando lo escrito, siento que necesita algo que todavía está pendiente. Un

Fractal de Luz. ¡CLICK! Un Toque final... Una Pincelada de Color a Mi Poesía Espiritual.

Ese Toque final es... una revelación.

Descubro con sorpresa que, en la compleción de mi libro, he narrado muy poco acerca de la experiencia de mi viaje a Europa.

He dicho todo lo que mi Corazón necesitaba compartir sobre estas dos décadas, pero hasta hoy no logro "destapar" mi Diario de cuero Gris... No conservo la más mínima evocación de lo que en él está escrito. ¡Jamás lo he abierto desde que regresé de Firenze! ... Todo lo que está en ese diario es... substancialmente desconocido para mí.

Le podemos llamar OLVIDO... PERDÓN... EXPIACIÓN... El FINAL del SUEÑO... Qué importa cómo elijamos apodarle... Lo IMPORTANTE ES el Entendimiento de la Experiencia vista desde el AMOR.

El CICLO SE HA CERRADO... PORQUE LO HE ENTENDIDO...

La travesía puede haber sido "difícil" desde mi percepción... No obstante, detrás de ella estuvo siempre la Verdadera Razón de esta Aventura... ¡CERRAR UN CICLO! Entender la Verdad más allá de la forma de la que habla UCDM...

Descubrí que había llegado hasta Italia para concluir un Ciclo de mi Vida. ¡Fue maravilloso! Estar ahí sin saber cómo ni de qué manera… había llegado allí para REAFIRMAR lo que YA sabía… LO QUE SIEMPRE SUPE…

Llegué a FIRENZE para REAFIRMAR LA VERDAD… El mundo está comenzando a Despertar… Estamos sanando con "LA MIRADA DEL AMOR".

Michelangelo quiso esculpir una mirada, no solamente unos ojos… y lo consiguió cavando las pupilas en forma de Corazón… Las pupilas del David son un par de CORAZONES…*Él siempre lo supo. Lo dejó plasmado en los ojos de David.*

Por donde se cuela la Mirada del Amor, la Luz del Amor ES… ¡LA VERDAD ES EL AMOR Y SIEMPRE LO SERÁ!

Por esa razón este es Un Libro ATEMPORAL… Eterno Presente… Aquí y Ahora. Es UN PRINCIPIO y UN FINAL. El Espiral Ascendente Continúa Eternamente…

MIEL AMOR Y LUZ

TABLA DE CONTENIDO

Made in the USA
Columbia, SC
05 December 2020